DÉFENSE

DES

INTÉRÊTS COLONIAUX,

CONFIÉS

AU CONSEIL DES DÉLÉGUÉS,

PENDANT LA LÉGISLATURE DE 1833 A 1838.

COMPTE RENDU,

PAR

LE BARON CHARLES DUPIN,

PAIR DE FRANCE, PRÉSIDENT DU CONSEIL DES DÉLÉGUÉS, ET DÉLÉGUÉ DE LA MARTINIQUE.

PARIS,

TYPOGRAPHIE DE FIRMIN DIDOT FRÈRES,

RUE JACOB, 56.

1838.

DÉFENSE

DES INTÉRÊTS COLONIAUX

CONFIÉS

AU CONSEIL DES DÉLÉGUÉS,

PENDANT LA LÉGISLATURE DE 1833 A 1838.

INTRODUCTION.

Dans le court espace de cinq années, depuis la promulgation de la loi fondamentale qui règle les pouvoirs politiques et les formes représentatives du gouvernement colonial, des affaires de plus en plus multipliées et d'une gravité toujours croissante, ont été confiées à la sollicitude du conseil des délégués.

Quelques-unes de ces affaires, après des démarches actives, ont fini par être réglées, avec tout le succès qu'il était possible de désirer.

Pour quelques autres, des obstacles supérieurs

à tous les efforts d'un zèle infatigable n'ont pu produire encore de résultats satisfaisants.

Enfin, pour plusieurs intérêts graves et mis en péril par des attaques acharnées, le conseil des délégués doit encore borner son action à paralyser des volontés pernicieuses, en faisant différer des solutions pour lesquelles les esprits ne sont pas assez éclairés, et l'expérience assez démonstrative.

Il nous a paru d'une haute importance pour les citoyens des colonies en général, et surtout pour les membres des conseils coloniaux, de leur tracer le tableau de ces intérêts que nous avons défendus, des succès qu'à plusieurs égards nous avons obtenus, et des difficultés dont, jusqu'à ce jour, nous n'avons pas pu triompher. Tel est l'objet de la délibération suivante :

Séance du 12 *avril* 1838.

Considérant qu'à l'expiration de la première législature des conseils coloniaux, il importe en général aux citoyens d'outre-mer, et spécialement aux membres de ces conseils, de connaître l'ensemble des affaires suivies auprès du gouvernement du roi, et la situation des intérêts qui sont encore à défendre par les délégués dans la métropole;

Le conseil des délégués arrête :

Le président sera chargé de rendre compte de ces affaires et de ces intérêts, dans un exposé spécial dont communication sera faite aux membres du conseil, avant la publication.

CHAPITRE PREMIER.

INTÉRÊTS RELATIFS A L'ACTION DES POUVOIRS CONSTITUTIONNELS.

Par la loi du 24 avril 1833, un conseil colonial électif est investi de pouvoirs législatifs, dans chacune des possessions françaises de la Martinique, de la Guadeloupe, de la Guyane et de Bourbon.

Ces assemblées nomment des délégués qui, réunis à Paris, en conseil commun, sont chargés par la loi même de suivre auprès du gouvernement du roi, la sanction des décrets et l'accomplissement des vœux des conseils coloniaux.

Les délégués nommés pour toute la durée de la législature dont nous avons à rendre compte, sont :

Pour la Martinique, M. le baron Ch. Dupin,
M. le baron de Cools.

Pour la Guadeloupe, M. Mauguin,
M. de Jabrun,

Pour l'île de Bourbon, M. Sully-Brunet,
M. Conil.

Pour la Guyane, M. Favart.

Le conseil des délégués, en se constituant, a fait choix de M. Mauguin pour président, et de M. le baron de Cools pour vice-président.

Dans le cours de la première législature coloniale, le conseil a successivement acquis :

1° La prérogative de haranguer le roi, par l'organe du président, dans les mêmes occasions que les grands corps de l'État, et que les principales autorités constituées de la métropole;

2° L'honneur de présenter à Sa Majesté les adresses et les vœux des conseils coloniaux;

3° Le droit d'être représenté par son président, au sein du conseil supérieur du commerce;

4° La correspondance directe avec tous les ministres dont les départements renferment des attributions influentes sur le sort des colonies;

5° La communication officielle de toutes les nominations de fonctionnaires des colonies, faites par M. le ministre de la marine.

La juste influence du conseil des délégués s'est graduellement accrue, par l'appréciation que les ministres ont pu faire de la fermeté modérée, de l'esprit conciliateur, mais avec mesure, enfin de l'expérience acquise et de la connaissance des faits, qui caractérisent la réunion des membres de ce corps représentatif.

Dans une seule et grave circonstance où le conseil prit la défense d'une colonie s'adressant au roi, sous la forme respectueuse mais libre et constitutionnelle d'un vœu traduit insolitement à la cour des comptes, un dissentiment déplorable s'établit avec un ministre qu'avant et depuis nous avons eu lieu de dignement apprécier.

C'était le commencement d'un système occulte d'aggression parti de moins haut, pour incriminer un ordre de dépenses confidentielles, que la nécessité commandait, que la raison justifiait, que la loi permettait, que la sanction royale avait consacrée sur un rapport spécial, et pour plusieurs colonies.

Personnellement désintéressé dans un conflit que j'ai tout fait pour prévenir par voie de conciliation, mais en plaçant hors de page l'honneur des conseils coloniaux et celui de leurs délégués, je dois ici faire abstraction des hommes, pour ne voir et ne dire que la vérité. Je voudrais pouvoir l'exprimer en termes si généraux qu'elle rappelât seulement les choses, et fît oublier les personnes.

Pendant quelques jours, vers la fin de la session dernière, on eût dit que toutes les règles de subordination, d'hiérarchie des pouvoirs, et de discrétion bureaucratique, avaient disparu d'une partie d'un ministère. Des pièces officielles et des lettres empreintes d'hostilités, étaient publiées, distribuées aux chambres, adressées au conseil d'État, sans l'assentiment du ministre; les conseils coloniaux étaient traduits à la barre législative, sous forme d'explications officieuses parties du banc chargé de la défense au nom du roi! On allait plus loin : la sanction du roi même était représentée comme ayant été surprise.... Ainsi l'autorité gouvernementale qui doit protection à tous les degrés des pouvoirs constitués, se trouvait attaquer au lieu de défendre.

Le temps, qui met tout à sa place, a révélé par des embarras inextricables, l'inconvénient et les dangers d'une semblable marche.

On avait voulu flétrir une spécialité de votes émis par les conseils coloniaux, veillant à la défense de leurs plus chers intérêts; ils ont réitéré ces votes, avec l'indépendance et la fierté d'un pouvoir constitutionnel méconnu.

Au premier janvier 1838, le président du conseil des délégués, faisant allusion à ces déplorables conflits, osa réclamer aux pieds du trône, pour les conseils coloniaux, « respect à leur légalité, justice à leurs intentions, à leur caractère français : caractère de loyauté, d'honneur et de patriotisme. » La flatteuse réponse de

S. M. ne nous permit pas de douter que, dans son cœur magnanime, justice était déjà rendue à la cause coloniale.

Quelques semaines plus tard, deux gouverneurs consultés ont éclairé la religion d'un ministre ami de la vérité. Les difficultés se sont aplanies; la haute confiance, si constamment méritée par le conseil des délégués, a repris son premier crédit auprès d'un amiral fait pour concevoir et pour apprécier les justes susceptibilités du véritable honneur; celui-ci se révolte contre une odieuse suspicion; il s'offre avec bonheur à l'examen austère et complet, vis-à-vis d'un juge digne de confidence intime.

La noble résistance des conseils coloniaux pour maintenir une dépense indispensable, honorable et légale, qu'on avait prétendu flétrir, cette résistance portera des fruits salutaires; elle préservera du retour de semblables dissensions. Les députés mêmes auxquels on avait fait un appel illégal, se rediront que, pour être au rang des pouvoirs souverains, ils n'en sont pas moins sujets des lois qu'ils ont votées, et tenus à respecter les limites qu'ils ont posées entre chacun des pouvoirs spéciaux et secondaires.

CHAPITRE II.

INTÉRÊTS RELATIFS AUX SERVICES PUBLICS.

Ire SECTION.

Guerre et marine.

En 1831, les réductions intempestives du budget de la marine firent abaisser d'un million les fonds alloués par la métropole au service militaire des colonies.

Il en résulta nécessairement la diminution la plus fâcheuse sur l'effectif des forces destinées à protéger la paix publique, dans nos établissements d'outre-mer.

Le conseil des délégués a constamment agi pour faire accroître dans une juste proportion les troupes coloniales : il a réussi.

Une des combinaisons les plus heureuses a certainement été l'accroissement des gendarmes à cheval dans les deux colonies de la Martinique et de la Guadeloupe. Cette arme intelligente, ferme et modérée, qui concilie la prudence judiciaire et l'autorité militaire, agit avec promptitude, avec efficacité. Grâce à son secours, on prévient les crimes et les délits par une heureuse vigilance, au lieu d'être réduit à poursuivre tardivement des attentats échappés à l'imprévoyance. Aussi, malgré les provocations incendiaires et périodiques parties de la métropole, et malgré le voisinage des îles anglaises, foyer d'excitation à mille genres de révoltes, les ateliers de la Guadeloupe et de la Martinique n'ont pas cessé d'offrir l'exemple de la paix; depuis quatre ans, rien n'a troublé la concorde entre les maîtres et les esclaves.

Le gouvernement a porté des soins louables à l'amélioration du logement, du couchage et des vivres des troupes coloniales. La mortalité, considérable autrefois, est aujourd'hui très-diminuée; le nombre proportionnel des malades est pareillement réduit : ce nombre est réduit surtout, depuis qu'une forte gendarmerie à cheval permet d'épargner à l'infanterie des marches forcées, qui sont meurtrières sous le climat des tropiques. Il est résulté de là qu'un moindre effectif militaire a pu suffire à des besoins restés les mêmes aux Antilles.

On a donné des garnisons moins exiguës à la Guyane française, afin de pourvoir à la sûreté des nouveaux quartiers habités. On a commencé de rendre moins insuffisantes les troupes de Bourbon ; néanmoins on n'a pas encore assez fait pour mettre cette île en complet état de défense : jusqu'à ces derniers temps elle n'avait pas même à la tête de ses troupes un commandant militaire spécial.

Si les projets des abolitionnistes cessent d'être des utopies lointaines et vagues, la seule menace d'une exécution intempestive de semblables projets nécessitera la demande d'un accroissement considérable en forces de terre et de mer, pour protéger les propriétés et les personnes. Le conseil des délégués fera valoir avec énergie ces besoins nouveaux de la société coloniale dont on aura mis en péril la sécurité.

Deux questions militaires d'un haut intérêt pour les colonies ont été soumises au conseil des délégués.

Vers la fin de 1834, le gouvernement du roi voulut avoir l'avis de ce conseil sur l'engagement volontaire des hommes de couleur dans les troupes de terre : la réponse fut prudente et satisfit le ministère.

Le conseil des délégués fut pareillement consulté sur l'introduction *du régime du recrutement* dans les colonies : le conseil fit valoir la position exceptionnelle des colons, la part considérable et forcée qu'ils prennent en masse, comme miliciens, à la défense nationale. Ces représentations ont été victorieuses, et le ministère n'a plus eu la pensée d'assujettir les créoles à cette charge militaire.

Dans nos colonies, la force militaire et la force

navale se prêtent un secours de tous les temps comme de tous les lieux.

L'on ajouterait beaucoup à la puissance défensive de Bourbon, si l'on exécutait enfin les travaux d'art nécessaires pour donner à cette île un port abrité par une digue ou brise-lame. Les délégués de Bourbon se sont entremis avec le zèle le plus louable afin d'obtenir la sanction d'un tel projet; le conseil des délégués renouvellera les démarches qui peuvent accélérer cet heureux résultat.

Depuis l'imminence d'une rupture entre la France et les États-Unis, au sujet d'une indemnité contestée, le ministère met un nouveau prix à l'importance militaire et maritime de la Martinique et de son port admirable. Une station navale, moins insuffisante, fait du Fort-Royal le centre des forces maritimes françaises dans l'Atlantique intertropicale. C'est de là que sont parties les expéditions entreprises pour faire respecter les droits et l'honneur de la France, à Carthagène, aux rives du Mexique, et tout à l'heure aux approches d'Haïti.

Cette utilité générale fournit au conseil des délégués le moyen de réfuter les sophismes par lesquels on prétendait que les dépenses militaires de nos colonies sont pour la métropole une charge gratuite et sans compensation.

Les conseils coloniaux ont élevé les plus fortes réclamations contre l'injuste retenue de 3 p. o/o, faite indistinctement sur toutes les dépenses locales; tandis que dans la métropole cette retenue, pour ce qui concerne le matériel naval, est fictive et rentre au trésor public.

Nos représentations à cet égard ont été pressantes et réitérées. Jusqu'à ce jour elles ont été repoussées; mais il est impossible que l'administration centrale de la marine continue avec succès de mettre ainsi les colonies hors du droit commun de la métropole. La combinaison des efforts des conseils coloniaux et du conseil des délégués obtiendra nécessairement la victoire dans une aussi juste réclamation.

Une autre injustice reste également à réparer. Les administrateurs, s'ils sont nés aux colonies et s'ils y servent, sont traités à beaucoup d'égards moins favorablement que les administrateurs nés dans la métropole. Dans la session de 1837, le conseil colonial de la Martinique a pris une généreuse initiative pour réclamer auprès du roi, source de toute justice, contre cette iniquité fâcheusement introduite dans une loi dont la date est assez récente. Le roi lui-même, en recevant l'adresse de la Martinique, a daigné témoigner au président du conseil des délégués, qui la lui présentait, sa surprise et sa généreuse réprobation, à l'égard d'une telle partialité. Les Français des colonies sont, au même titre que ceux de la métropole, des enfants également aimés du père de la patrie.

Le conseil des délégués poursuit en ce moment les effets de cette équité du roi.

IIe SECTION.

Instruction publique.

Jusqu'à ce jour le gouvernement n'a pas tourné ses regards vers l'instruction publique des colonies; il défraye sur le budget général de l'État les écoles spéciales, les colléges royaux et l'instruction primaire de la France. Nos établissements d'outre-mer restent étrangers à ce genre de bienfaits; et les enfants créoles ayant quelque fortune n'ont d'autre ressource que de venir dans la métropole suivre à leurs frais l'enseignement secondaire et l'enseignement supérieur.

L'instruction donnée à la jeunesse, dans les colonies mêmes, l'est toute aux frais des colons.

Depuis ces dernières années, les créoles ont plus que jamais senti l'importance d'unir l'instruction religieuse à l'enseignement primaire; ils font maintenant d'actives démarches pour obtenir des frères de la doctrine chrétienne, demandés à l'institution de M. l'abbé de la Menais, en Bretagne.

En ce moment, des sœurs d'une congrégation consacrée à l'éducation des jeunes personnes, s'embarquent pour nos colonies des Antilles.

Le conseil des délégués sent toute l'importance de cette heureuse alliance des deux sortes d'instruction humaine et religieuse ; il ne négligera rien pour en assurer les effets salutaires, par la poursuite des mesures qui peuvent procurer aux colonies des instituteurs éclairés et pieux.

Aujourd'hui que nous comptons plus de trente mille nouveaux affranchis, livrés soudainement à leur propre conduite, il devient surtout utile à la paix publique, aux bonnes mœurs, au progrès de l'état social, qu'on leur ouvre des écoles d'enfants, d'adolescents et d'adultes.

Il serait digne de la mère patrie, par un généreux sacrifice, d'atteindre ce noble but : les bons résultats qu'on obtiendrait compenseraient avec usure une semblable dépense.

IIIe SECTION.

Culte catholique.

Le culte catholique est seul professé par les populations de la Martinique, de la Guadeloupe, de la Guyane et de Bourbon. L'État, qui paye dans la métropole 34,251,000 fr. pour le culte de 32 millions de catholiques, l'État ne défraye aucune dépense du même genre dans nos possessions d'outre-mer.

Aujourd'hui, nos quatre colonies payent plus du quart d'un million pour les frais du culte; mais la vie est si chère dans ces établissements, qu'une telle somme ne permet d'entretenir que quatre-vingt-dix ecclésiastiques. Avec aussi peu de prêtres il faut pourvoir, sous un climat brûlant, au culte de plus de 100,000 habitants libres et 260,000 habitants non libres.

Il y a donc insuffisance absolue quant au nombre des ecclésiastiques. De là les nouveaux et louables efforts que font, en ce moment, la Martinique et la Guadeloupe, afin d'accroître le personnel de leur clergé.

Au sujet du culte catholique ainsi qu'au sujet de l'instruction publique, le conseil des délégués exprime la conviction profonde que c'est un devoir à la mère patrie de seconder les efforts des colonies; elle doit leur procurer des instituteurs et des prêtres en nombre suffisant pour généraliser l'enseignement primaire et l'enseignement religieux des libres d'origine, des affranchis et des esclaves.

De nouvelles démarches sont à faire si l'on veut atteindre ce double but; le conseil des délégués en apprécie l'importance, et, dès la session prochaine, il les poursuivra sans relâche.

A côté des motifs les plus sacrés, qui militent en faveur des sacrifices que nous appelons le gouvernement à faire pour ces intérêts de l'intelligence et de la conscience, il en est qui tiennent à la sécurité coloniale, et qu'il faut signaler avec énergie.

Un avantage admirable de la religion catholique est d'appeler les hommes vers un avenir de bonheur et d'égalité, par la charité mutuelle, sans attaquer jamais un droit acquis, un pouvoir établi, une propriété constituée. Voilà les bienfaits que ce culte a produits, en adoucissant les mœurs et régénérant les peuples, soit dans l'ancien monde, soit dans le nouveau, parmi les colonies des Espagnols et des Français, où l'esclave naît comme un frère aux enfants du maître, sans leur devenir étranger en grandissant.

En présence d'un tel progrès de concorde et d'obéissance sur l'habitation catholique, opposons l'avenir effrayant que vient de nous révéler l'étude impartiale d'une grande île dissidente; étude qu'accomplit un officier de vaisseaux, envoyé comme observateur impartial et désintéressé, par M. le ministre de la marine.

Trois partis se disputent l'avenir de la Jamaïque: celui des anciens propriétaires qui voudraient sauver les débris de l'ordre social; celui des hommes nouveaux qui rêvent leur aristocratie future bâtie sur l'espoir d'une subversion dont Saint-Domingue serait le type; enfin celui des révolutionnaires soi-disant religieux, des *rebaptiseurs,* des anabaptistes qui, par des voies de piétisme, dit l'officier, dont je vais citer le rapport, « marchent dans un enthousiasme persévérant à la conquête de la société transformée. Ce parti renouvelle et nivelle les hommes sous l'autorité inflexible d'une foi religieuse vers laquelle les nègres se précipitent avec fanatisme. Les anabaptistes enseignent à leurs sectaires : — Que toutes les sociétés qui ne mettent pas leurs biens *en commun* sont impies; — Qu'un chrétien ne doit rien posséder en particulier; — Qu'il ne doit reconnaître d'autres magistrats que les pasteurs ecclésiastiques; — Que le nouveau baptême annule les mariages antérieurs, etc.

« En 1834, cette religion dissolvante comptait au plus, à la Jamaïque, six mille sectaires nègres; elle en compte aujourd'hui plus de quatre-vingt mille, et tous les jours le nombre s'en accroît, au détriment des autres sectes. ».

Voilà donc tout un peuple d'affranchis poussant à l'abîme l'état social qui les a fait libres; les voilà s'armant de fanatisme pour châtier la puissance aveugle qui s'est hâtée de les émanciper, avant d'avoir gravé dans leur cœur des principes ineffaçables d'amour national et de culte national. Tel est le châtiment que la Providence prépare à des hommes d'État qu'elle a marqués au front du sceau réprobateur d'une fatale imprévoyance.

Ces dangers, nous voulons, nous devons les signaler à la France, afin qu'elle apprécie mieux que jamais les besoins de la prudence, et les bienfaits de son culte à la fois humanitaire et national, et la fécondité morale des semences de concorde que ce culte répand sur nos colonies, avec sa main charitable, sans ostentation, sans colère et sans soulèvement, pour le seul désir d'assurer la paix et le bonheur des sociétés, en plaçant les lois d'ici-bas sous l'égide des lois divines.

IVe SECTION.

Justice.

C'est par la puissance du droit, plutôt que par la force des armes, qu'on peut maintenir au sein des colonies l'harmonie sociale, première condition des prospérités humaines. Cette puissance du droit, on ne peut l'appuyer que sur l'action d'un pouvoir judiciaire, obéi par conviction, aimé par reconnaissance, et révéré d'abord dans la personne des juges, pour l'être aussi dans la sainteté des jugements.

Pénétrés de ces pensées conservatrices, les membres du conseil des délégués ont, à toutes les époques, apporté l'attention la plus soutenue et la sollicitude la plus vigilante aux mutations de personnes, dans l'ordre judiciaire.

Ils n'ont pas craint de faire entendre des réclamations respectueuses, mais austères, dans le petit nombre de cas où des considérations de simple patronage et de pure politique ont semblé dicter des choix métropolitains qui n'étaient pas en harmonie avec la haute respectabilité qu'exige la magistrature.

Représentants naturels des colons qui n'ont dans la mère patrie ni parents ni clients pour appuyer leurs justes titres, les délégués ont constamment insisté pour qu'on respectât les droits à l'avancement des magistrats créoles, suivant leurs mérites, la durée, l'importance de leurs services, et le relief de leurs vertus.

C'est dans le même esprit qu'ils ont multiplié leurs efforts afin d'ouvrir la carrière aux jeunes colons qui, par la fortune, le rang et les services de leur famille, offraient des titres ajoutés à leurs études, à leurs talents, à leur conduite honorable.

Ces efforts n'ont pas toujours été couronnés de succès, mais ils ont parfois réussi; c'est un encouragement pour continuer ce noble patronage en faveur des jeunes candidats qui méritent le suffrage d'un gouvernement équitable.

Des ennemis invétérés des colonies s'efforcent de les compromettre et risquent de les perdre pour satisfaire à des idées systématiques. Ils ont senti qu'ils ruineraient, dans l'esprit des métropolitains, la population créole, s'ils la représentaient comme agissant d'accord avec une magistrature ignorante, inique et barbare : c'est sur ce terrain de déception passionnée qu'il a fallu les suivre et les déjouer.

Les délégués, soit dans leurs écrits particuliers, soit dans les discussions solennelles à la tribune législative, ont lutté sans relâche pour faire apprécier la sagesse, les lumières, l'intégrité, l'humanité de la justice coloniale, systématiquement incriminée par l'esprit de parti : la vérité s'est fait jour, et la calomnie a pâli devant elle. Désormais, la considération et l'estime de la métropole sont acquises, par expérience et par preuve, aux actes judiciaires de nos colonies.

Les magistrats d'outre-mer ont accueilli tous avec un sentiment de bonheur, les adoucissements apportés aux châtiments qu'énumère le code pénal : obligés de prononcer les peines telles que les prescrit le législateur, leur humanité n'a pu qu'applaudir aux concessions qui permettent de maintenir la paix publique, avec de moindres rigueurs envers des coupables qu'il faut plaindre alors même qu'on les condamne.

L'organisation judiciaire, bonne dans son ensemble aux colonies, est susceptible de plusieurs perfectionnements.

Le ministère a consulté sur cette matière importante le conseil des délégués : un examen approfondi un rapport plein de mérite en ont été la conséquence. Bientôt, nous l'espérons, les colonies seront appelées à jouir des améliorations qu'on nous a signalées, sagement réunies à celles que nous avons provoquées.

Deux écrits remarquables et récents suffiraient à prouver les lumières, l'expérience et la sagesse de la magistrature coloniale.

Le premier a pour titre : *Résultats de la liberté des noirs à Cayenne., de* 1794 *à* 1803, *prouvés par des documents officiels puisés dans les archives de cette colonie*, par M. Aubert Armand, ancien juge royal à la Guyane, conseiller à la cour royale de la Martinique (1837).

Le second a pour titre : *Réflexions. sur l'affranchissement des esclaves dans les colonies françaises*, par M. de la Charrière, président à la cour royale de la Guadeloupe (1838).

Ces deux productions nous ont puissamment secondé pour éclairer les esprits, dans la métropole, et les mettre en garde contre des illusions que l'histoire du passé et l'observation du présent doivent servir à dissiper.

CHAPITRE III.

INTÉRÊTS RELATIFS A L'ÉTAT DES PERSONNES.

Les lois organiques de 1833 ont ouvert une ère nouvelle à quatre colonies françaises.

La première de ces lois proclame l'égalité civique des hommes libres, sans distinction d'origine et de couleur.

Cette loi n'a pu produire ce qu'il n'appartient pas aux mesures de l'homme de faire naître, un changement subit et forcé dans les mœurs; mais elle a jeté les fondements d'un édifice nouveau, dont les assises, pour être solides, ont besoin d'être cimentées par la main du temps; et, déjà, le temps a commencé son œuvre.

Aujourd'hui, nous voyons figurer parmi les officiers de la milice coloniale, des citoyens qu'à leur origine on classerait parmi les hommes de couleur; le barreau colonial a reçu dans ses rangs de jeunes avocats issus de la même source; les conseils municipaux leur sont ouverts, comme toute autre fonction élective.

Le conseil des délégués n'a pu voir sans surprise, en France, la loi qui donnait une existence, une dignité nouvelle aux hommes de couleur, devenir l'objet des outrages et du désespoir des hommes qui s'étaient posés devant la métropole, comme les tribuns nécessaires, comme les représentants spontanés d'une catégorie qu'on ne pouvait plus supposer déshéritée de droits politiques.

Des écrits éventuels ou périodiques ont déversé l'injure et la calomnie sur la loi, sur la race blanche, sur les propriétaires et sur les magistrats les plus notables. Des exemplaires de ces écrits ont été transportés et distribués avec profusion dans nos colonies ; mais bientôt, à force d'attaquer tout ce que la société renfermait de vénérable, l'agression est tombée sous le poids du mépris public.

Sans daigner descendre dans une telle arène, ni répondre aux incriminations par des représailles faciles, le conseil des délégués s'est contenté d'emprunter à la pitié le voile de l'oubli, pour le jeter sur des agressions, sur des emportements passagers et misérables. Il s'est fait la loi de défendre les droits, les intérêts de tous les colons, sans distinction d'origines. Il n'a pas voulu laisser à l'esprit de parti le moindre motif de prétendre que toutes les classes, que tous les rangs de citoyens des colonies, ne sont point représentés près de la métropole, avec le même zèle, le même intérêt, la même impartialité.

La très-grande majorité des hommes libres de couleur est le produit immédiat de tout affranchissement.

En s'élevant au rang des hommes libres, les nègres se figuraient que l'acte qui les soustrayait à la servitude, les soustrayait à l'accomplissement de tout devoir social, à l'acquittement de toute charge, au frein de toute loi, à la dépendance de toute autorité publique.

Nous n'avons pu qu'applaudir à la sagesse des gouverneurs qui, prenant en main la cause sacrée de l'ordre social, ont voulu que les affranchis, gens de travail, fussent assujettis aux mêmes conditions de livret que les ouvriers libres de naissance : de même qu'on a contraint l'affranchi de payer sa quote-part des contributions publiques, par cela seul qu'il est contribuable de sa personne, à titre de personne libre. Nous avons à cet égard éclairé la métropole, afin qu'elle ne prît pas des mesures dictées par l'égalité conquise devant la loi, pour des acheminements rétrogrades vers l'asservissement des affranchis.

Le conseil des délégués a pris part aux travaux du gouvernement, destinés à régulariser les formes, à faciliter l'opération de l'affranchissement. On lui doit d'avoir sensiblement amélioré le projet d'ordonnance relatif aux noms des anciens esclaves, et facilité la personnification des nouveaux citoyens.

Nous n'avons pu qu'applaudir aux recensements périodiques, ordonnés par le gouvernement, des populations libres et des populations esclaves. Les premiers résultats qu'a publiés le ministère de la marine nous ont déjà permis de présenter à la métropole des conséquences d'un haut intérêt en faveur des colonies.

La longévité des esclaves nous sert à répondre victorieusement aux assertions par lesquelles on veut prouver, en Europe, qu'ils sont assujettis à des travaux dont la durée surpasse la force humaine, et qui par suite abrégent leur existence.

Cette simple preuve suffirait, sans la connaissance d'aucun autre fait, pour démontrer la fausseté d'une assertion, que l'humanité s'afflige, ainsi que la raison, d'avoir entendue dans la bouche d'un orateur, poëte chrétien et défenseur de la morale : c'est l'assertion que les esclaves seraient assujettis à seize heures de travail sur vingt-quatre, tandis qu'ils ne sont obligés qu'à neuf heures de travail, séparées par deux repas et deux repos chaque jour.

En comparant les naissances annuelles avec le nombre d'enfants et d'adolescents jusqu'à l'âge de quatorze ans, nous avons trouvé la proportion plus considérable pour les enfants non libres que pour les enfants des personnes libres : nouvelle preuve de la douceur et des bons soins que les maîtres prodiguent aux mères ainsi qu'aux enfants esclaves.

Comment se fait-il que les prétendus amis de l'humanité, loin de concevoir estime et reconnaissance pour nos colons, de ce qu'ils se montrent plus doux, plus affables et plus compatissants envers leurs esclaves, que les colons anglais, les colons hollandais et les colons américains, loin de leur rendre grâce pour l'honneur que cette supériorité morale fait rejaillir sur le caractère français, commettent l'erreur volontaire de reprocher aux créoles de notre nation, les sévices, les châtiments, la barbarie dont les exemples ne se trouvent que sur le sol étranger? C'est encore une hypocrite fausseté que les délégués, soit à la tribune législative, soit dans leurs écrits particuliers, ont refutée irrésistiblement.

Les conseils coloniaux, par les mesures paternelles qu'ils ont prises spontanément afin d'améliorer le sort des esclaves, ont rendu plus faciles et plus démonstratives ces justifications que nous étions heureux de pouvoir ainsi rendre victorieuses, par la citation d'actes officiels.

Nous arrivons aux plus grandes difficultés de notre mission, à la défense des droits imprescriptibles de la propriété.

Au mois d'août 1833, un acte du parlement britannique proclame l'émancipation générale des esclaves dans les colonies anglaises, moyennant vingt millions sterling, ou cinq cents millions de francs d'indemnité.

Jusqu'en 1840, ces affranchis, sous le titre d'apprentis, continueront d'être soumis à toutes les servitudes préexistantes, au travail forcé, aux châtiments corporels, presque aussi cruels pour eux que pour les soldats et les marins anglais.

Mûr ou précoce, sage ou téméraire, un si grand acte devait produire une impression profonde sur les nations qui possèdent des esclaves.

Dès le mois de mai 1833, lorsque l'émancipation n'était encore qu'en projet, par un bill qui proposait de soumettre les affranchis à quinze ans d'apprentissage, la grande commission du budget de la chambre des députés traçait ainsi le rôle d'observation, de prudence et d'expectative, qui convenait aux législateurs, ainsi qu'aux ministres de France :

« La situation deviendra plus difficile pour « toutes nos colonies par le voisinage des pos- « sessions britanniques, aujourd'hui que des

« expériences aventureuses sont proposées par « le ministère anglais pour changer l'état social « des populations entières, et transformer des « générations d'esclaves en citoyens faits à prix « d'or ; et l'on y mettra moins d'années qu'il « n'en faut à la nature, pour conduire un nou- « veau-né de l'enfance à la virilité. Quinze ans « sont fixés pour changer des mœurs imprimées « par trois siècles d'esclavage, et substituer l'a- « mour du travail à la passion de l'oisiveté.

« Ainsi donc, une période d'innovations va « succéder à dix-sept ans de paix dans les An- « tilles, ainsi qu'à l'île de France. Pour nous, « amis de l'humanité, nous formons des vœux « afin que l'expérience qu'on se prépare à tenter, « soit plus heureuse que les essais imprudents « dus aux premiers patriotes de la révolution « française ; parce qu'alors nous pourrons pro- « fiter d'un succès dont nous aurons été té- « moins.

« Mais en attendant cette éventualité, il sera « sage de préserver nos colonies des contre-coups « révolutionnaires que d'aussi grands change- « ments vont produire dans les possessions bri- « tanniques limitrophes des possessions fran- « çaises. » (*Rapport, budget mar. et colon.*)

Jusqu'à 1838, malgré la formation d'une société d'abolitionnistes, malgré les suggestions et les menaces de plusieurs de ses membres dans la chambre des députés, la prudente réserve recommandée dès 1833 par la commission des finances, n'a pas cessé d'être la règle du ministère et des législateurs.

Cependant, tour à tour, le président des abolitionnistes est devenu président du conseil des ministres, et le vice président ministre du commerce.

Mais chacun d'eux en arrivant aux affaires, en assumant le fardeau de la responsabilité, en mesurant ses forces et ses moyens, ses vœux et ses appréhensions, a compris qu'il était plus sage d'ajourner que de précipiter les mesures d'émancipation.

Cependant des voies sourdes et périlleuses ont été tentées confidentiellement. Des projets de pécule obligatoire, de rachat forcé, d'émancipation d'enfants à naître, ont été successivement aventurés par le ministère de la marine : les uns introduits directement dans les conseils coloniaux et communiqués au conseil des délégués, les autres envoyés mystérieusement aux gouverneurs pour obtenir des avis, et, s'il se pouvait, des adhésions isolées d'habitants notables, au moyen de quoi l'on pût hasarder avec une apparence d'assentiment colonial, des mesures que le temps aurait, hélas, montrées désastreuses.

Au ministère qui de la sorte se montrait impatient d'imposer aux colons les rachats forcés, nous n'avions qu'un mot à répondre : en six années seulement, les colons ont émancipé, sans rachats obligatoires, trente mille esclaves!.... Qu'est-il besoin de contrainte envers des propriétaires si spontanément généreux!

Relativement au pécule, les conseils coloniaux ont déclaré qu'en fait, le pécule des esclaves était toujours respecté par les maîtres, mais à titre de concession, d'abandon, de bienfait qui resserre les liens de sympathie, de bons offices et de reconnaissance; tandis qu'un pécule légal ouvrirait une funeste carrière à la chicane, à la fraude, à l'ingratitude, à la haine.

On proposait déjà l'émancipation des enfants à naître; on l'accompagnait d'un projet d'indemnité dérisoire, qui déguisait à peine la spoliation complète opérée sur une valeur de 300 millions et plus, dans le court espace d'une génération. Dans les colonies, personne ne pouvait approuver l'iniquité d'un semblable plan. En France, un des délégués ayant reçu d'outre-mer, par un créole, communication de ce plan, s'empressa d'en faire l'objet d'un mémoire confidentiel, qui devait remonter jusqu'à la source la plus auguste, pour prévenir toute exécution de mesures aussi désastreuses. Le conseil colonial de la Martinique est en possession de ce mémoire, dont les effets ont été salutaires.

Les conseils coloniaux et le conseil des délégués, sans s'arrêter à la bienfaisance illusoire de projets impraticables, ont cherché de nouveaux moyens d'améliorer le sort, les mœurs et la religion des esclaves. A la Guadeloupe, à la Martinique, des sommes aussi fortes que le permettait l'état des finances locales ont été votées pour l'entretien d'ecclésiastiques spécialement destinés à verser sur les ateliers les lumières et les bienfaits du culte catholique. M. l'abbé Castelli, préfet apostolique de la Martinique, auteur d'un projet d'instruction religieuse accepté pour les ateliers de cette île, est venu dans la métropole, afin de choisir lui-même les collaborateurs de cette œuvre pieuse et civilisatrice; il vient de faire le voyage de Rome dans l'intention de puiser, auprès du père des chrétiens, des inspirations supérieures; il va partir avec ses lévites et le nouveau gouverneur de la Martinique.

Le conseil des délégués a vivement recommandé les projets de M. l'abbé Fourdinier et de M. l'abbé Hardy, pour propager des bienfaits du même ordre dans nos quatre colonies.

L'un des délégués a fait parvenir dans nos établissements d'outre-mer deux mille exemplaires de son plus récent travail sur les caisses d'épargne, avec des vues propres à rendre ces institutions utiles aux anciens hommes libres, aux affranchis et même aux esclaves. Il espère qu'avant peu les difficultés à la mise en pratique de ces vues finiront par être aplanies. Alors pourront éclore des améliorations graduelles et rapides dans l'esprit d'ordre et de moralité qu'on doit souhaiter en faveur de toutes les classes coloniales.

A côté de ces espérances qui reposent doucement l'imagination des amis de l'humanité, pourquoi faut-il que nous ayons à retracer le souvenir de tentatives ruineuses et criminelles ?

A peine l'émancipation anglaise était-elle connue, les antagonistes de la race blanche ont redoublé d'excitations près des esclaves étrangers, afin de les pousser à l'insubordination, à la révolte, ou du moins à l'évasion.

La révolte n'a point eu lieu ; l'insubordination même ne s'est pas signalée par des faits nombreux et graves ; mais l'évasion, fruit de l'erreur et de la déception, a jeté la terreur et la désolation dans nos grandes colonies des Antilles, et surtout à la Martinique.

En émigrant, les esclaves français trouvaient des recéleurs empressés, dans les îles anglaises les plus voisines. Les colons français qui venaient dans ces îles réclamer leurs esclaves, non-seulement réclamaient en vain la force britannique pour reprendre les récalcitrants ; ils trouvaient cette force appliquée à s'opposer même au retour volontaire des esclaves éclairés et repentants.

Les délégués n'ont pas craint de signaler ouvertement à la tribune, au nom du droit des nations, cette violence et cette iniquité : le gouvernement anglais par son silence, a passé condamnation sur ses méfaits.

Dès les premiers attentats de ce genre, le conseil des délégués s'était empressé de réclamer auprès du ministère, auprès de notre ambassadeur à Londres, afin d'obtenir justice. Les démarches ont été vives et persévérantes, les arguments irrécusables, le droit des gens mis en évidence. Le ministère anglais a pâli devant les sectaires d'émancipation volontaire ou forcée ; il n'a pas osé se montrer juste.

Malgré l'impunité de ce déni de justice, il a suffi que les esclaves restés fidèles apprissent le sort des esclaves évadés, dans les colonies anglaises : un plus dur esclavage, par assimilation avec l'apprentissage et ses coups de fouet à neuf queues ! Aussi depuis dix-huit mois, même à la Martinique, les évasions ont cessé : l'émancipation appesantit à cinq lieues de distance ses châtiments d'apprentissage : cette épouvante suffit aux travailleurs français.

Tel était l'état des choses, lorsqu'en février dernier M. Passy somma le ministère de procéder à l'émancipation, sinon lui-même y procéderait par voie d'initiative dans la chambre élective.

Le conseil des délégués conjura le ministère de ne pas céder à ce défi; de laisser au député les chances, les dangers, la responsabilité d'une semblable initiative : le ministère se décida dans ce sens.

Il combattit la prise en considération de la proposition faite en conséquence.

C'était la reproduction d'un projet élaboré dans les bureaux ministériels il y avait dix-huit mois; émancipation d'enfants à naître, en accordant *pour indemnité*, des frais d'entretien inférieurs aux *deux tiers* de la faible somme qu'en France on accorde aux nourrices *d'enfants trouvés !...*

Le président du conseil des délégués, agissant d'après les décisions de ce conseil, remit aux membres du cabinet, des observations tendant à prouver qu'on devait repousser la proposition : 1° *Par défaut d'opportunité*, si près de la fin de l'expérience anglaise. 2° *Par défaut d'équité*, comme banqueroute et spoliation. 3° *Par défaut d'humanité*, comme déchirant la famille entre parents esclaves et rejetons affranchis, entre puînés asservis et post-nés libérés ; enfin, comme intéressant les maîtres à n'avoir plus d'enfants de travailleurs ; car ces enfants ne seraient plus qu'une ruine pour eux.

La chambre, éclairée par ces observations, allait passer à l'ordre du jour sur une telle proposition ; mais des revirements inattendus, phénomènes trop peu rares en ces temps de parti, ont fait opiner et voter pour prendre en considération le même ordre de questions impossibles à résoudre dès à présent, ceux qui les avaient, pour ce motif même, victorieusement repoussées lorsqu'ils étaient au pouvoir.

La majorité se trouvant affaiblie de tous les partisans de deux anciens ministères, on a pris le projet en considération.

La commission nommée par les députés pour l'examiner poursuit, sans autorisation spéciale, une espèce d'enquête semi-publique. Les difficultés se multiplient sous ses pas ; elle reconnaît de plus en plus l'impossibilité d'une émancipation présente ou prochaine ; elle est réduite à chercher des moyens d'améliorer le sort des esclaves, et se trouve tout étonnée d'arriver à proposer les mesures que les conseils coloniaux ont accueillies d'avance et votées d'eux-mêmes. Elle s'occupe de mariages et de baptêmes, d'instruction morale et religieuse, à prescrire, à recommander : comme si les colons ne faisaient pas en ce moment, pour servir ces précieux intérêts de la civilisation, les plus nobles sacrifices.

Ceux de MM. les délégués qui sont originaires des colonies ont fait paraître des écrits dignes d'une profonde attention, et par les idées et par l'expérience qui les caractérisent : il nous suffit de rappeler de tels services, dont l'étendue et la valeur seront parfaitement appréciées dans les colonies, après l'utile effet produit dans la métropole.

Les délégués appelés par la commission n'ont pas cru devoir refuser leur comparution volontaire ; ils n'ont pu qu'exprimer des pensées individuelles, sous leur responsabilité personnelle, sur des questions de pécule, de rachat, de mariage entre des individus possédés par différents maîtres, d'émancipation partielle ou totale, et sur tous les intérêts qui s'y rattachent.

Les membres du conseil des délégués, par leurs relations avec différents membres de la commission, les pressent vivement pour qu'elle mette un terme à ses investigations. Cette commission n'aura que des moyens d'amélioration peu nouveaux à proposer. L'émancipation ne saurait être maintenant mise en délibération législative ; les chambres attendront certainement, pour prendre un parti, la fin de l'expérience anglaise.

D'ici là, les délégués redoubleront de zèle et d'activité pour réunir tous les faits propres à répandre la lumière sur les résultats de cette tentative, devant laquelle le ministère britannique commence à trembler. Il est réduit à révéler ses alarmes sur la continuation du travail, l'apprentissage expiré : c'est le président du cabinet anglais qui, dans la chambre des pairs, repousse, en conséquence, toute idée d'abréger un apprentissage qu'il faudra bientôt prolonger.

Déjà, dans la section consacrée aux intérêts du culte, nous avons signalé les périls imminents que des sectaires suscitent, en s'appuyant sur l'émancipation, dans la grande et belle île de la Jamaïque.

Ce ne sont pas les seuls malheurs qui nous soient révélés ; il en est d'autres qui menacent les personnes de la race blanche, et que le temps mettra bientôt au grand jour.

CHAPITRE IV.

INTÉRÊTS MATÉRIELS, PRODUCTION ET COMMERCE.

L'existence des colonies repose sur la richesse et la prospérité de leur commerce; somme faite des importations et des exportations, l'importance annuelle de ce négoce ne devrait jamais être inférieure à *cent vingt millions* de francs.

Depuis 1833, des causes variées, nombreuses et toujours plus graves ont menacé d'une ruine absolue la production coloniale.

Le conseil des délégués a conçu qu'une de ses fonctions les plus importantes devait être la défense de cette production et de ses moyens d'échange.

Dès 1834, trois jours après sa constitution définitive, le conseil nouvellement élu s'est occupé de la grave question du rendement des sucres étrangers, tel que doit le fixer la loi pour encourager suffisamment l'industrie du raffinage, mais pour prévenir des abus contraires à la fois aux intérêts du trésor et des colonies.

Le conseil des délégués poursuit à la fois ses demandes relatives au rendement, près du ministre de la marine et près du ministre du commerce (séance du 5 juin 1834).

Jusqu'à cette époque, les mesures commerciales les plus importantes étaient délibérées en conseil supérieur du commerce, où siégent en nombre les représentants des intérêts de la métropole, sans que l'intérêt du commerce colonial y fût représenté.

Sur la demande respectueuse, mais énergique, du conseil colonial, une ordonnance royale décida que désormais le président du conseil des délégués serait de droit membre du conseil supérieur du commerce : conquête importante, car elle réduit le ministère à ne plus s'appuyer sur l'autorité de ce conseil supérieur, en matières coloniales, s'il ne veut pas que les représentants des colonies influent sur les avis demandés, avec toute la puissance de l'équité de leur cause.

La présence du président des délégués dans le conseil supérieur du commerce, a suffi pour donner une face nouvelle à la question du rendement des sucres, déjà fort légèrement abordée par ce conseil, reprise avec une gravité nouvelle, et conclue à des conditions plus favorables.

Grâce à cette intervention, nous avons obtenu qu'à dater du 1er novembre 1834, les restitutions de droits à l'exportation des sucres étrangers, au lieu d'être établis sur un rendement de 70 pour cent, le seraient sur un rendement de 75 pour cent.

Dès juillet 1834, le conseil des délégués s'est occupé des moyens d'exécution qui peuvent rendre moins nuisibles les funestes innovations de la loi de 1833, qui soumet les sucres bruts de diverses nuances à des droits différents; en attendant l'époque malheureusement trop tardive, où nous pourrons avec quelque espoir de succès réclamer la suppression de ces droits différentiels qui réunissent les graves inconvénients : dans les ports de France, d'exposer les négociants honnêtes à des vexations, à des avanies, à des confiscations; et, dans les colonies, de décourager tout perfectionnement à la production des sucres.

En août 1834, le conseil aborde une autre question intéressante : c'est la demande à faire au gouvernement, d'autoriser le transbordement dans le port, et l'expédition directe des denrées coloniales sur les entrepôts de l'intérieur. Nous avons trouvé chez M. le ministre des finances de cette époque, la plus vive répulsion contre une demande si naturelle et si raisonnable. Nouvelle démarche, nouveau mémoire adressé le 4 octobre au ministre des finances.

Rappelons ici, que les entrepôts de l'intérieur, destinés à rendre de signalés services au commerce des colonies, ont été défendus avec énergie lors de leur création, par un député, depuis élu délégué de la Martinique. Les députés des ports de mer jetaient des cris d'épouvante; ils prédisaient la ruine des entrepôts maritimes, si l'on formait, dans les grandes cités de l'intérieur, des établissements du même genre. L'expérience a pleinement confirmé les prévisions et les calculs du futur délégué; les produits étrangers, et surtout les produits coloniaux, ont de plus en plus abondé dans les entrepôts de l'intérieur, et les entrepôts maritimes, loin de s'appauvrir, ont au contraire pris la part la plus avantageuse à cette prospérité.

Avec une franchise qui l'honore, dans cette session même, l'habile M. Gautier, aujourd'hui pair de France, a reconnu qu'il avait eu le bonheur de se tromper dans ses appréhensions à cet égard, comme député de Bordeaux. Il s'est joint au délégué, membre de la chambre des pairs, pour appuyer une pétition tendant à libérer les entrepôts de l'intérieur, de la charge intolérable des frais de douane : charge évidemment injuste, puisque les entrepôts maritimes en sont affranchis.

Aujourd'hui même, le conseil des délégués poursuit cette affaire importante auprès du ministre des finances, comme condition de salut pour les entrepôts de l'intérieur, si favorables au placement, et par suite, à la consommation des produits coloniaux.

Nous arrivons à la plus grande des difficultés qu'ait pu nous présenter la protection du commerce des colonies.

La production du sucre de betteraves, d'abord faible et très-coûteuse, s'est perfectionnée par degrés rapides, au point d'arrêter les accroissements du revenu public résultant des droits d'entrée sur les sucres d'outre-mer : en attendant le moment prochain où ce revenu, de stationnaire, devait devenir rétrograde.....

Dès 1828, le ministère du commerce avait conçu des inquiétudes, justifiées par l'enquête faite à cette époque sur la production des sucres. Dès lors les fabriques de sucre de betteraves livraient à la consommation quatre millions de kilogrammes.

Les embarras et les terreurs du ministère Polignac ; bientôt après, la révolution de Juillet, et les agitations, les émeutes prolongées qui l'ont suivie, ont détourné le gouvernement de proposer en temps opportun des mesures de prévoyance, qu'on eût facilement obtenues quand la production du sucre de betteraves n'avait pas étendu ses influences et conquis son patronage au sein de la chambre élective.

Dès 1834, cette production surpassait sept millions de kilogrammes; en voici la progression effrayante jusqu'à l'époque actuelle.

PRODUCTION DU SUCRE DE BETTERAVES.

ANNÉES.	QUANTITÉS.	Perte pour le trésor, sur les droits à 49 f. 50 c. les 100 kilogrammes.
1834	7,295,000 k.	3,611,025 f.
1835	13,230.211	6,549,599
1836	30,349,340	15,022,923
1837	40,968,805	24,239,584

C'était à coup sûr au gouvernement métropolitain qu'il appartenait de prendre l'initiative sur d'aussi grands intérêts, que le plus prochain avenir allait ainsi compromettre : il n'y pensait pas! Il faisait une enquête commerciale dans laquelle il paraissait vouloir épuiser tous les genres de productions françaises, excepté la production des sucres.

Ce fut le conseil des délégués qui, dès la fin de 1834, avant même qu'on connût le produit de cette année en sucre de betteraves, prit l'initiative. Une note importante fut rédigée à cet effet par les deux délégués colons de la Martinique et de la Guadeloupe. Cette note est devenue le point de départ des tardives sollicitudes du gouvernement, et de ses actes postérieurs.

Une première conséquence des réclamations

faites par le conseil des délégués fut la demande des raffineurs de la capitale, afin d'entrer en conférence pour concilier les intérêts des colonies avec ceux du raffinage, et pour agir de concert auprès du ministère, au lieu de s'affaiblir en se nuisant mutuellement : les conférences s'ouvrirent, et la meilleure harmonie ne tarda pas à s'établir entre les deux intérêts.

Dès le 21 décembre 1835, le conseil des délégués arrête les bases d'une lettre adressée, le 4 janvier 1836, à MM. les ministres du commerce, des finances et de la marine, pour demander formellement de mettre sur un pied d'égalité les deux productions de sucre de canne et de sucre de betteraves, soit en imposant ce dernier, soit en dégrevant le premier. Le conseil réfute avec énergie cette erreur des économistes français : que les colonies sont pour la métropole une charge sans compensation, qu'elles sont un pur objet de sacrifices, sans réciprocité d'avantages. Le conseil des délégués, tout en attestant sa préférence pour le pacte qui lie la métropole et les colonies, avec des bienfaits réciproques, déclare en même temps que, si la réciprocité doit être détruite, si la métropole veut favoriser, avec injustice, avec excès, une production rivale de celle qui fait la vie des colonies, mieux vaut déchirer un pacte qui n'est plus qu'un contrat d'iniquité. Avec la liberté commerciale nos colonies pourront souffrir, mais du moins cette souffrance aura des bornes. Le monde entier deviendra le marché des colons français; ils vendront peut-être à plus bas prix leurs produits, mais en retour ils achèteront moins chèrement les produits étrangers nécessaires à leurs besoins.

Le gouvernement ouvre enfin les yeux sur une situation grave et trop longtemps dédaignée.

Dès le 12 janvier 1836, M. le ministre du commerce transmet à la réunion générale des trois conseils, d'agriculture, des manufactures et du commerce, la question soulevée par le conseil des délégués des colonies.

Le 19 janvier, la discussion s'ouvre sur cette question. Les agronomes métropolitains déploient alors tout le luxe de leurs sophismes; ils présentent une foule de faits exagérés, sur les immenses avantages qui résulteraient, selon eux, des progrès d'une culture non contrariée par l'impôt demandé sur la production du sucre de betteraves.

Un délégué de la Martinique, membre du conseil d'agriculture, est la seule personne de ce conseil qui puisse et veuille prendre la défense de la production du sucre de canne, en présence de tous les intérêts métropolitains.

C'est à ces intérêts mêmes qu'il conçoit la pensée de s'adresser (*), afin que chacun y trouve des motifs de protéger les colonies.

Aux intérêts agricoles, il fait voir la futilité, la fausseté de l'assertion que la plantation des betteraves à sucre suffirait pour changer la face de l'agriculture métropolitaine, accroître énormément ses engrais, et par là son bétail; il prouve que la betterave à sucre ne peut guère employer plus *d'un millième* du territoire de la France, et les résidus nourrir un *centième* du bétail; voilà les innovations qui, sur le dire du charlatanisme agronomique, devaient *changer la face* de notre agriculture.

Mais il est un autre fait bien plus grave, c'est que les engrais excessifs consommés pour la culture de la betterave à sucre ôtent les moyens de reproduction à de vastes terrains : *déficit à l'engrais des terres et des bestiaux*, passé sous silence par les apologistes de cette industrie.

Sans doute l'agriculture métropolitaine peut s'approprier par degrés jusqu'à 49,500,000 fr. d'impôt que payeraient cent millions de kilogrammes de sucre de canne, si le trésor perd jusqu'à concurrence d'une telle somme, en permettant la

(*) Tableau des intérêts de la France relatifs à la production et au commerce des sucres de canne et de betterave, par le baron Charles Dupin.

spoliation absolue du commerce colonial. Mais alors il faudra compter les pertes suivantes pour les exportations qui cesseraient d'avoir lieu dans nos établissements d'outre-mer :

Tableau des pertes queferait éprouver aux trois branches de l'industrie métropolitaine, la spoliation du commerce colonial.

INTÉRÊTS SPÉCIAUX MÉTROPOLITAINS.	Pertes du nord de la France (Bretagne comprise).	Pertes du midi de la France.
Agriculture (céréales, vins, huiles, etc., etc.)	4,000,000 f.	20,000,000 f.
Produits des manufactures	14,000,000	3,000,000
Bénéfices de négoce et de navigation	4,000,000	5,000,000
	22,000,000 f.	28,000,000 f.

Le ministre des finances, frappé de ces résultats, accéléra sa résolution d'imposer le sucre de betterave ; pour appuyer sa proposition sur l'opinion publique éclairée, il fit imprimer *à dix mille exemplaires*, aux frais du trésor public, le travail d'un délégué, qu'on vient d'analyser, pour le distribuer aux chambres législatives, aux chambres du commerce, aux administrateurs des départements, etc.

Le projet de loi, présenté par le ministère du 22 février 1836, obtint un rapport favorable à la Chambre des députés; mais il n'avait pas été possible que ce rapport parût assez tôt, pour être discuté dans la session de 1836.

Le 6 septembre, même année, un nouveau cabinet est constitué. C'est M. le comte Duchâtel qui prend le ministère des finances, et qui, prévoyant de graves difficultés à l'imposition du sucre de betterave, préfère le dégrèvement du sucre colonial.

Ses propositions sont généreuses; il accorde une réduction de 22 fr. sur 49 fr. 50 c., qui s'opérera dès 1837; il propose en même temps de faire voter le principe qu'en janvier 1838 un impôt sera prélevé sur le sucre de betterave.

Le projet de loi que présente M. Duchâtel vient d'être approuvé par une commission de la Chambre des députés, lorsque le cabinet du 13 avril 1837 remplace celui du 6 septembre.

Le nouveau ministre des finances ne retire pas le projet de loi sur le dégrèvement du sucre de canne; mais au lieu de l'appuyer, il appuie l'amendement, inattendu, d'un faible impôt de 16 fr. 50 c. sur le sucre de betterave. Ensuite, lorsque le député délégué de la Martinique réclame, à titre de dégrèvement sur le sucre colonial, la différence des 22 fr. proposés par M. le comte Duchâtel, aux 16 fr. 50 c. obtenus par M. Laplagne, celui-ci fait repousser la proposition.

Ce n'est pas tout. Par un amendement que le nouveau ministre des finances ne peut parvenir à repousser, on arrête :

1° Que jusqu'au 1er juillet 1838, il ne sera rien imposé sur le sucre de betterave;

2° Qu'avant 1839, la taxe de 16 fr. 50 c. sera réduite à 11 fr.

Ainsi les colonies, qui souffraient profondément dès 1837, sont condamnées à languir une année de plus, sans le moindre soulagement, et réduites aux deux tiers d'un misérable secours, pour la dernière moitié de 1838 : voilà comment on affecte de les protéger.

Le contre-coup d'une semblable loi fut cruel des deux côtés de l'Atlantique.

A la seule annonce du projet imaginé par M. Duchâtel, le prix des sucres coloniaux s'était relevé dans les ports et dans les colonies. Le vote de la loi transformée produisit un effet contraire. De juillet 1837 à janvier 1838 les prix s'avilirent, de 50 à 38 fr. les cent kilogrammes, pour ne remonter qu'à 41 fr., la bonne quatrième, à la Martinique : prix de neuf francs inférieur à celui que réclame impérieusement la culture, pour n'être pas ruineuse!....

Telle était donc la position cruelle où se trouvaient nos colonies, dès le dernier trimestre de 1837.

Le conseil des délégués a pensé que cette crise effrayante exigeait de nouveaux efforts.

Par une circonstance fâcheuse pour nous, notre honorable collègue M. Mauguin, vers la fin de novembre 1837, a cru devoir se démettre de la présidence du conseil des délégués. Le 1er décembre le conseil a choisi pour le remplacer, imparfaitement à beaucoup d'égards, le baron Charles Dupin.

Dès le 3 décembre, le nouveau président annonce son entrée en fonction, au premier ministre chargé des affaires étrangères, au ministre de la marine et des colonies, aux ministres des finances et du commerce. Il réclame auprès de ces derniers pour faire disparaître l'injuste surtaxe établie depuis 1833, sur les diverses nuances des sucres bruts.

Dans ce même mois de décembre, le conseil des délégués sollicite les Chambres de commerce des ports de mer, afin qu'elles avisent aux mesures qui pourraient tirer les colonies, et leur commerce avec la métropole, d'une situation funeste, aggravée surtout depuis la publication de la nouvelle loi sur les sucres.

Nous devons ici rendre un juste hommage à la sympathie vive et puissante qu'ont manifestée toutes nos cités maritimes pour la cause coloniale; elles nous ont donné les adhésions les plus remarquables. De ces mêmes cités sont parties, pour les deux chambres, des pétitions que le gouvernement, tout en les repoussant à la tribune, prend néanmoins en sérieuse et profonde considération.

Bordeaux seule s'est adressée, par une double pétition, à la Chambre des pairs ainsi qu'à la Chambre des députés. Nous rendrons compte du mémorable débat qui s'en est suivi.

Marseille, Nantes, le Havre, Rouen, etc., se sont adressées seulement à la Chambre des députés; un rapport collectif sera l'objet d'une seule discussion sur leurs pétitions : il doit être fait incessamment.

Dans le même mois de décembre, le 26, le président des délégués est admis à présenter au roi : 1° l'adresse de la Martinique, avec un mémoire relatif aux droits méconnus des créoles employés dans les services publics des colonies; 2° l'adresse de la Guadeloupe, résumant les vœux du conseil de cette île, à la fin de la session 1837.

Au sujet de ces adresses pleines de raison, de fermeté, de modération, de convenance, Sa Majesté s'est exprimée, en faveur des colonies et de leur avenir, avec cette hauteur de vues et cette éminente sagesse qui caractérisent sa raison et son génie.

Voici dans quels termes j'ai cru devoir annoncer aux conseils des quatre colonies, ces opinions si rassurantes et si pleines d'avenir.

« Sa Majesté veut être, pour les colonies et leur état social actuel, protecteur aussi ferme qu'éclairé ; elle veut rester conservateur de vos droits, de vos fortunes, de votre sécurité. Son esprit supérieur ne se laisse abuser par aucune *vaine utopie*. Elle connaît les Antilles, qu'elle a visitées ; elle apprécie leurs intérêts, qu'elle n'a jamais perdus de vue ; elle compatit à leurs souffrances, qu'elle souhaite vivement de voir soulagées.

« Ne redoutez donc, pour l'avenir, aucunes mesures brusques, imprévues, intempestives et désastreuses : la sagesse du Roi n'en permettrait pas de telles.

« Après avoir entendu de la bouche de S. M. des assurances si consolantes pour l'état actuel de nos établissements d'outre-mer, je me suis empressé de lui demander la permission de faire connaître aux conseils coloniaux ces hautes pensées et ces déterminations généreuses : la permission m'en est accordée de la manière la plus gracieuse. »

Au premier janvier 1838, le conseil des délégués, en exprimant aux pieds du trône, par l'organe de son président, la reconnaissance profonde des créoles, pour cette haute protection, et pour cette intelligence supérieure de leurs besoins, ne craint pas d'attrister le cœur du Roi par le tableau de leurs souffrances agricoles et de leur détresse commerciale.

Une circonstance fortunée s'offrait à nous, d'acquérir et d'attester à l'avance un illustre témoignage; nous l'avons fait dans les termes suivants :

« M. le prince de Joinville, espoir à la fois de notre marine et de nos colonies, reprend votre itinéraire; il entendra, des peuples mêmes, les actions de grâces dont nous sommes le faible écho! A côté des améliorations sociales que vos actes ont assurées, il va voir une agriculture qui florirait en soutenant une concurrence équitable, *mais qui succombe sous le privilége excessif d'une culture rivale. Ah! soulagez cette misère d'outre-mer qui frappe par contre-coup les ports, les armateurs et les marins de la métropole.*

« Pour plaider cette cause, nous n'avons que notre voix suppliante, *mais la prière du faible est une puissance auprès du juste!* Voilà notre espérance en présentant nos hommages, nos vœux, *nos douleurs* au père de la patrie. »

La réponse du Roi fut bienveillante et pleine de sympathie pour les souffrances des Français d'outre-mer.

Dès le lendemain du jour solennel où le conseil des délégués plaidait ainsi la cause des colonies auprès de S. M., il fallait soutenir une autre lutte en présence du ministre du commerce présidant la réunion générale des trois conseils d'agriculture, des fabriques, et du commerce. On allait débattre une question très-grave que ce ministre avait livrée à la discussion des conseils.

Il s'agissait de savoir si l'on doit accorder comme mesure permanente ou seulement transitoire, la faculté d'exportation directe des sucres coloniaux dans les ports étrangers.

Le même délégué qui défendit en 1836 la production du sucre de cannes contre l'excessive protection accordée au sucre de betteraves, dut prendre de nouveau la parole pour montrer quel pourrait être l'avantage mutuel de la métropole et des colonies au sujet de l'exportation directe. Trop certain des oppositions innombrables qu'il va rencontrer, il demande qu'on opère toujours cette exportation par navires français qui feront ainsi leur voyage de circuit : 1° partir de la métropole pour apporter aux colonies les produits de l'agriculture et de l'industrie française; 2° exporter pour les ports étrangers les sucres coloniaux ; 3° revenir en France avec des produits pris dans ces ports.

Même restreinte ainsi, la question n'a pu

trouver d'accueil favorable auprès d'aucun des trois conseils, pas plus qu'auprès du ministre dont l'exposé des motifs, en posant la question, semblait présager une pensée propice.

Repoussés sur ce terrain, les délégués, sans perdre courage, ont réclamé de nouveau près des ministres la présentation du projet de loi qui doit supprimer les surtaxes attachées aux nuances de sucres claircés; surtaxes si malheureusement imposées depuis 1833, comme pour comprimer le progrès colonial, au moment même où tout favorisait la fabrication du sucre métropolitain. Il faudra quatre mois d'efforts avant que ces prières instantes puissent être exaucées.

En même temps, les délégués, effrayés par les déplorables nouvelles qui leur arrivent en foule sur l'avilissement du prix des sucres dans les Antilles, adressent un mémoire signé d'eux tous (23 février 1838),

à M. le président du conseil des ministres;

à M. le ministre de la marine et des colonies;

à M. le ministre des finances;

à M. le ministre du commerce et des travaux publics.

Dans ce mémoire, les délégués réclament avec énergie le dégrèvement du sucre de cannes, comme le seul remède efficace à la ruine qui s'étend de toutes parts sur les colonies, à la misère qui par suite traverse l'Atlantique, se propage dans les ports métropolitains, et s'appesantit sur les populations qui vivent du métier de la mer..

Cette lettre n'est pas un simple exposé de doléances : elle ajoute aux faits la force du droit, aux intérêts la puissance de la raison.

M. le ministre de la marine, nous devons le dire avec reconnaissance, appuie vivement nos réclamations près du ministre des finances : celui-ci nous répond en date du 15 mars :

« Je reconnais ce que la position actuelle de nos colonies peut avoir de pénible, et la nécessité de prendre des mesures propres à l'améliorer. »

Cependant M. le ministre ne veut accorder aucun dégrèvement sur le sucre de cannes. « *C'est au surplus*, dit-il, à M. le ministre du commerce qu'il appartient plus particulièrement d'examiner ce qu'il convient de faire pour concilier les divers intérêts qui se trouvent engagés dans la question. »

Tels étaient donc les fins de non recevoir, au ministère des finances, et les ajournements indéfinis du ministre du commerce, au mois de mars 1838.

Le 29 de ce mois, a commencé devant la Chambre des pairs, une discussion mémorable, sur la pétition présentée par quatre mille citoyens de la ville de Bordeaux. Ceux-ci réclamaient en faveur du soulagement des souffrances commerciales éprouvées par nos colonies, et demandaient comme moyen efficace, indispensable, le dégrèvement des droits excessifs qui pèsent sur le sucre de cannes.

L'intérêt excité par cette réclamation a suffi pour occuper deux séances entières, une chambre où les discussions, d'ordinaire, sont aussi calmes que peu prolongées.

Les colonies ont trouvé trois dignes défenseurs auxquels nous devons payer ici le tribut de notre gratitude.

M. Gautier, ancien commerçant, sous-gouverneur de la Banque de France, a traité la question spéciale des charges afférentes aux deux natures de sucre, et des frais inhérents à leur production, à leur transport, à leur vente : il l'a fait avec une clarté lumineuse, un esprit fécond et brillant, une expérience consommée, et toute l'autorité que donne l'alliance si rare d'un talent parfait d'exposition, avec la complète connaissance d'une matière épineuse, qu'il a su rendre à la fois attrayante et facile.

M. Tripier, d'abord avocat célèbre, aujourd'hui magistrat dans la première cour judiciaire du royaume, a défendu la même cause avec toute la puissance de sa nerveuse dialectique, et la fertilité de ses moyens de conviction.

M. le vice-amiral Halgan, naguère gouverneur de la Martinique, a prononcé des paroles qui, dans sa position, avaient tout le poids d'un témoin oculaire qu'avait placé sur les lieux la confiance du roi, pour connaître et dire la vérité.

Le délégué des colonies, membre de la Chambre des pairs, ne pouvait rien ajouter aux faits attestés, aux raisonnements présentés avec tant de mérite et d'autorité par ces défenseurs qui représentaient la triple puissance du génie commercial, des principes judiciaires et de l'esprit gouvernemental. Il s'est emparé d'un autre terrain; il s'est placé sur le champ des souffrances métropolitaines, pour montrer les misères de notre navigation, de nos armements, de nos gens de mer; et la force navale de la France, descendant de plus en plus bas, sur l'échelle comparative des puissances maritimes; et vingt-quatre départements, riverains de la mer, souffrant des mêmes souffrances que nos quatre colonies principales; et l'avenir indivisible de décadence ou de prospérité simultanée pour ces colonies et pour ces départements.

Afin d'empêcher la Chambre des pairs de céder à des sympathies généreuses, dans une cause si juste et si nationale, il n'a pas fallu moins que les efforts de deux nouveaux et deux anciens ministres. Ne voulant pas raviver ici des souvenirs irritants, nous passerons sous silence les débats de mercuriales et les chicanes de factures, les arguments ou plutôt les arguties, par lesquels on s'est efforcé de n'envisager la plus vaste des questions, que sous le point de vue d'un étroit intérêt fiscal, d'une fin de non recevoir, tirée d'un motif éphémère et sans prévoyance d'avenir.

Cependant les faits nouveaux et si graves révélés par cette grande discussion ne sont perdus ni pour les colonies, ni pour les ports de mer, ni pour le gouvernement. La même lutte se prépare plus vive encore et non moins dévouée pour la défense d'une juste cause, à la Chambre des députés. Dans tous nos départements maritimes, les chambres de commerce nous renouvellent les assurances de leur sympathie, plus ardente aujourd'hui qu'elles voient plus clairement la connexité des misères atteignant les intérêts qu'elles représentent, et des misères coloniales(*). Déjà le ministre de la marine saisit le conseil d'amirauté des faits sur la navigation et le sort des gens de mer, soulevés dans la discussion des Pairs. Il faudra bien que l'examen des mêmes faits et l'acceptation de leurs re-

(*) Voyez pages 75, 76 et suivantes, les lettres des principales chambres de commerce.

mèdes remontent au conseil supérieur du commerce, et finalement au conseil des ministres. Ainsi la force des choses, qui se rit des votes de complaisance, opérera d'elle-même le renvoi de ce grand intérêt public par-devant les ministres, qui se sont fait effort pour l'écarter *au nom de l'ordre du jour;* si différent quelquefois de l'ordre de l'avenir!.....

Le conseil des délégués s'honore d'avoir provoqué, motivé, obtenu la loi qui crée des entrepôts dans nos principales colonies; nous touchons enfin à l'aplanissement des dernières difficultés qu'a présentées l'administration des douanes, avant l'ordonnance royale qui consacrera la mise immédiate en exécution de cette loi bienfaisante.

Les délégués aviseront ensuite aux moyens d'activer les relations commerciales extérieures avec les îles étrangères et le continent d'Amérique, pour faire porter aux nouveaux établissements tous les fruits que nous promet leur naissance.

RÉSUMÉ GÉNÉRAL.

Après avoir exposé méthodiquement les nombreux intérêts coloniaux mis tour à tour en jeu, en discussion, et qu'il nous a fallu défendre, présentons, en peu de mots, le résumé général des affaires importantes, abordées et traitées depuis 1833 jusqu'en 1838.

Les conseils coloniaux et le conseil des délégués, régénérés par la puissance de l'élection, acquièrent une activité, une énergie, une dignité nouvelles.

Un débat que nous déplorons, que nous avons tout fait pour éviter par voie de conciliation, se termine aujourd'hui comme il aurait dû commencer, par le retour à la légalité. Le droit imprescriptible qu'ont les conseils électifs de déposer aux pieds du trône leurs vœux quels qu'ils soient, sans être par là passibles d'aucune flétrissure bureaucratique, ce droit n'est plus méconnu. La dénégation du pouvoir constitutionnel des conseils coloniaux, qu'on voulait rabaisser au niveau des conseils de département et d'arrondissement métropolitains, cette dénégation n'a servi qu'à montrer l'énergie calme et grave des législateurs de nos possessions d'outre-mer.

Une responsabilité d'odieuses suspicions, qu'on prétendait faire planer sur le conseil des délégués, fait place à la confiance éclairée du ministre. L'emploi consciencieux des fonds accordés confidentiellement pour la défense des intérêts coloniaux sera justifié sans réserve au ministre, qui mettra la justification sous les yeux mêmes du roi. Voilà l'auguste maître des comptes qui jugera, pour les colonies comme pour la métropole, les dépenses confidentielles.

Énumérons les principales affaires relatives aux services publics, pour lesquelles le conseil des délégués a multiplié ses soins couronnés de succès :

Guerre et marine. Une insignifiante et faible gendarmerie à pied, remplacée par une gendarmerie à cheval, nombreuse et bien organisée, pour la Martinique et la Guadeloupe;

Les garnisons d'infanterie, ramenées sur le pied de 1830; la force des troupes d'artillerie tiercée.

En définitive, les colonies gardées en 1833 par 5,646 militaires de toutes armes, comptent aujourd'hui 7,669 défenseurs.

Tels sont les moyens de protection contre les ennemis du dedans ou du dehors, reconquis de 1834 à 1838.

Nous avons obtenu que les colonies ne seraient pas soumises au système de recrutement.

Vous avez reçu, par degrés, des stations navales de plus en plus respectables ; leurs croisières procurent au commerce la sécurité des pleines mers, et le respect dans les ports étrangers riverains de l'Atlantique. Un système actif d'embarcations côtières empêche les évasions des travailleurs dans nos îles des Antilles.

Pour citer des faits, il suffit de dire que, dans les Antilles et le golfe du Mexique, nous avions, en 1833 et 1834, une frégate seulement; aujourd'hui nous en avons trois. A Cayenne, nous avons obtenu deux bateaux à vapeur, l'un de 100 chevaux, l'autre de 60 : c'est un immense avantage pour la rapidité, la sûreté des services publics, sur cette vaste plage où nous avons étendu et fortifié nos postes militaires, pour correspondre aux progrès de la colonisation.

En faveur de Bourbon, nous demandons avant tout un port : après viendra la force navale.

Instruction et culte. Appeler les lumières au secours de l'ordre contre l'anarchie, éclairer la piété pour éviter le fanatisme en servant la foi : tel est le but où nous tendons avec tous les amis des créoles. Dans ce noble dessein, les conseils coloniaux et les conseils des délégués ont agi de concert ; le résultat s'en fait sentir. Les sommes votées dans les budgets locaux ont été graduellement accrues, surtout pour 1838. Des sœurs et des frères des écoles chrétiennes, dotés pour les écoles publiques ; des prêtres surnuméraires, pour l'instruction morale et religieuse des ateliers : voilà des sacrifices qui montrent les intentions libérales et bienfaisantes des colons.

Nos efforts subséquents auront pour but de concilier avec l'état social des colonies, l'institution salutaire des salles d'asile ouvertes aux enfants des affranchis, des caisses d'épargne et des monts-de-piété : établissements si nécessaires en des pays où l'intérêt légal s'élève au taux qu'ose à peine ici dépasser l'usure !

Justice. Veiller à la dignité des choix, défendre les titres du mérite sans appui, montrer l'équité, la modération, l'humanité des pouvoirs judiciaires de nos colonies, telle est la mission que les délégués n'ont jamais perdue de vue, et qu'ils ont accomplie, dans leurs écrits officiels ou privés, dans leurs réclamations près des ministres, dans leurs défenses à la tribune.

En 1834, on osait encore accuser de partialité, de cruauté même, les jugements des cours royales de nos établissements d'outre-mer ; on a réfuté ces calomnies au sein des chambres législatives, et les calomnies ont cessé. L'opinion publique de la métropole s'est éclairée; elle a passé de la mésestime à l'estime, et ce succès est immense.

Intérêts relatifs à l'état des personnes. Nous avons fait cesser d'autres calomnies sur la prétendue persécution d'une classe d'hommes libres soi-disant opprimée pour sa couleur. La loi les rend égaux des blancs, en droits politiques.

Mais la loi, qui leur confère les droits du citoyen, leur en impose les devoirs, et leur en commande les charges. Il a donc fallu que les affranchis payassent pour eux-mêmes l'impôt qu'un maître ne payait plus pour eux; travailleurs indépendants, il a fallu, comme tous les ouvriers français, qu'ils eussent un livret. Honneur aux gouverneurs qui leur ont fait exécuter ces conditions d'une liberté civilisatrice, au lieu d'un affranchissement de sauvages, rêvé par l'anarchie barbare!

Le conseil des délégués, consulté par le ministère, s'est occupé soigneusement des moyens de constituer la famille de l'affranchi, d'éviter la confusion des noms et des prénoms ; puis, de constater les progrès de la société nouvelle par des formes bien conçues de recensements périodiques. Déjà ces recensements nous ont fourni des armes puissantes pour repousser les fausses accusations portées sur les funestes effets attribués au travail excesssif des ouvriers non libres : travail qu'on n'a pas craint de supposer porté jusqu'à *seize heures* par jour, au lieu *de neuf heures* dont il se compose en trois parties séparées par des repos.

Émancipation. La mesure périlleuse et précipitée d'émancipation des esclaves dans les colonies britanniques, en 1833, devait avoir sur notre sol un retentissement immense. Bientôt nous avons pu découvrir et suivre les traces d'un système de propagande, si familier aux Anglais, pour pousser les autres peuples aux mesures qu'ambitionne leur intérêt ou leur orgueil.

Nous nous sommes proposé, dès le premier moment, de tout faire pour obtenir de l'impatience française la courte attente d'une épreuve de sept années d'apprentissage ; seule transition que le parlement d'Angleterre ait jugée nécessaire entre l'esclavage complet et la liberté sans limites......

Pendant quatre sessions de nos chambres, nous avons obtenu qu'on persévérerait dans l'étude et l'attente d'une limite si rapprochée. Il a fallu, pour cela, lutter sans cesse contre l'imprévoyante impétuosité des abolitionistes ; il a fallu se roidir contre l'esprit d'innovation, de concession, d'appréhension plus ou moins prononcé, de cinq ministères appelés à régir la France depuis cinq années! A peine avions-nous démontré les dangers, les difficultés, les périls de la précipitation, près des membres influents d'un cabinet, qu'il fallait recommencer les mêmes enseignements, les mêmes démonstrations, les mêmes prières, près du cabinet subséquent : et cela sans relâche, comme la mobilité des personnages transitoires qu'on dirait précipités par la fortune impatiente, à travers le tonneau des Danaïdes du pouvoir.

Voilà notre labeur de cinq années; il a redoublé cet hiver. Enfin les abolitionistes jetant le gant à l'autorité, sont descendus dans l'arène. C'est l'émancipation sans indemnité qu'ils ont rêvée; c'est elle qu'ils voudraient déguiser sous forme d'enfants à naître, et dont ils payeraient dix ans seulement, moitié du strict entretien !!! Nous avons pulvérisé ce système d'iniquité; ses partisans mêmes n'osent plus le soutenir. Mais, saisis de la question par voie d'initiative, ils font un simulacre d'enquête pour découvrir, quoi? des moyens d'éclairer l'esprit et de fortifier la foi des esclaves!.... Et ces moyens, ils reconnaissent que déjà vous les avez votés dans ces budgets qu'on voulait flétrir aux yeux de la chambre élective. Colons français! voilà votre plus beau triomphe.

Mais gardez-vous de vous endormir au sein de la victoire; car vos ennemis, battus sans cesse, recommenceront sans cesse le combat; et si vous faites une faute, si vous laissez l'opinion s'égarer un instant sur vous, sur vos intentions, vous êtes perdus.

Plus que jamais il faut vous armer des vertus de l'homme fort; le courage, la modération, le sang-froid, l'activité, la prévoyance et la prudence; joignez-y votre bon droit, et vous résisterez avec avantage à vos plus implacables adversaires. Vos délégués vous préviendront à temps des périls que l'avenir peut préparer, et vous les aiderez à conjurer tous les orages.

Nous ne souffrirons jamais qu'on en impose à la France, en vous peignant comme des maîtres durs qui se font un jeu des droits de l'humanité ni des devoirs de la charité. Nous opposerons des faits à des imputations vagues; la vérité sera notre arme pour défendre vos droits et votre caractère.

Intérêts matériels de la production et du commerce. Par un fatal concours de circonstances, il faut que les colons soient attaqués à la fois dans le personnel et dans le matériel qui constituent leur fortune. La concurrence d'abord dédaignée du sucre de betteraves, menace aujourd'hui de mort la culture du sucre de cannes, culture écrasée sous le poids de l'impôt.

Les délégués ont les premiers réclamé l'égalité des-charges entre les deux productions similaires. La culture du sucre indigène a voulu s'offrir comme représentant le bien-être, l'amélioration, la prospérité prochaine de toute l'agriculture métropolitaine. Les délégués ont détruit ces illusions sophistiques; ils ont réduit au calcul ces exagérations, qui sont tombées de ridicule.

Les délégués ont fait appel à tous les intérêts menacés par l'usurpation du sucre indigène. Cet appel a suffi pour faire voter le principe de l'impôt sur une production jusque-là privilégiée.

Mais, ici, nous retrouvons encore la triste fatalité de ces ministères de six mois, qui devancent et précèdent des ministères d'une année.

Un ministère avait voulu se borner à créer un impôt; le second en conclut que le dégrèvement serait préférable; le troisième en infère que le dégrèvement est pire. On dirait qu'en politique ainsi qu'en optique, le voisinage du pouvoir, comme celui des couleurs, n'a d'effet que par le contraste. C'est à qui sera repoussoir du prédécesseur immédiat et du successeur prochain.

Une loi qui soulageait l'intolérable impôt du sucre colonial était en discussion au mois de mai 1837; présentée par le ministère du 6 septembre 1836, elle est transformée, sous le ministère du 13 avril 1837, en loi qui ne dégrève plus, mais qui crée un nouvel impôt, incomplet, fractionné, tardif, insuffisant.

Lorsque la triste nouvelle de cette métamorphose, inouïe dans les fastes constitutionnels, arrive aux colonies, elle y fait tomber à des prix désastreux la valeur des sucres : une immense misère se présente et s'accroît par le désespoir d'un meilleur avenir; des faillites se multiplient, le commerce s'en épouvante; la réalité des maux éprouvés traverse l'Océan; elle frappe par contrecoup les armateurs, les marins, les négociants de nos ports.

Des pétitions nombreuses, puissantes, unanimes, arrivent aux deux chambres : il faut bien les écouter; car ce ne sont plus des colons qui parlent, mais les citoyens les plus actifs, les plus estimés, les plus influents, des vingt-quatre départements maritimes.

Les délégués ont fait voir à quel point sont insupportables les souffrances du commerce colonial et du commerce métropolitain. Ils ont révélé les plaies profondes et jusqu'alors inobservées de la navigation française; navigation imparfaite, misérable et ruineuse, partout, excepté dans les transports coloniaux.

C'en est fait, nos populations maritimes ouvrent les yeux. Nous étions leurs protégés, nous voici leurs défenseurs. Elles sondent leurs propres plaies, dont nous montrons la profondeur; elles s'apprêtent à réclamer avec cent fois plus d'énergie.

C'est une lutte plus grave qui va s'ouvrir avec des moyens bien autrement redoutables, saisis par des volontés que nous avons activées et centuplées, au nom tout-puissant de l'intérêt personnel, appuyé sur la justice.

Voilà, peuples des colonies, ce qu'ont été les années de labeur pendant lesquelles vous nous avez confié le dépôt sacré de vos intérêts moraux et matériels.

Si nous sommes fiers de quelque chose, c'est d'avoir défendu sans cesse, au premier rang votre honneur, au second votre fortune. Nous avons tout employé, comme écrivains et comme orateurs, pour vous montrer ce que vous êtes, aux yeux d'une métropole abusée de longue main. La tribune et la presse ont été nos moyens de terrasser l'erreur, en luttant pour la vérité.

Et maintenant, consultez la correspondance de vos conseils avec chacun de nous; vous verrez que jamais nous n'avons eu qu'un langage, pour vous recommander en secret les actes de vertu, de libéralité, de civilisation, qui, réalisés par vous, devaient nous servir à confondre vos ennemis.

Permettez-nous donc, à quelques égards, d'être fiers nous-mêmes des améliorations si nombreuses que vos conseils électifs ont apportées, en cinq ans, au sort des hommes de tous rangs et de toutes classes dans nos quatre colonies.

Puisse, au bout des cinq années qui comprendront l'existence de vos nouvelles législatures, le conseil des délégués avoir, en 1843, d'aussi nobles résultats à présenter à leurs mandataires, pour l'honneur et le bonheur de la société coloniale!

Le conseil des délégués, dans sa séance du 26 avril, a pris connaissance des lettres adressées au président par les chambres du commerce de Bordeaux, de Saint-Malo, de Marseille, de Nantes, de Toulon, de Dunkerque, de Calais, de Bayonne, etc., pour annoncer une coopération plus efficace que jamais à la cause coloniale. Le conseil a décidé que ces lettres seraient imprimées à la suite du présent compte rendu, comme points de départ de travaux ultérieurs et d'espérances fondées.

Les membres de la chambre de commerce de Bordeaux, à Monsieur le baron Ch. Dupin, pair de France, président du conseil des délégués des colonies.

Bordeaux, le 21 avril 1838.

Monsieur le baron,

Honorés de votre lettre du 10 courant, nous vous remercions de l'envoi que vous avez eu la bonté de nous faire du remarquable discours que vous aviez prononcé à la chambre des pairs, le 29 du mois dernier.

Lorsque le *Moniteur* nous l'eut apporté, ce document provoqua nos sympathies au plus haut degré. Il fut l'objet de tous nos entretiens, et nous déplorâmes la fatalité qui en neutralisa l'effet.

Nous savons par une funeste expérience, qu'il est trop véritable le tableau comparatif que vous faites de notre navigation marchande.

On comprend sans doute que la plaie que vous venez de mettre au grand jour est curable; mais il semble que le courage de l'application du remède manque aux agents supérieurs du pouvoir.

C'est aux hommes si rares qui conçoivent les intérêts matériels du pays, aux hommes de votre portée, qu'il appartient de stimuler le ministère après l'avoir éclairé.

Nous ne nous dissimulons pas les obstacles que vous aurez à surmonter dans l'accomplissement de cette noble mission.

Dans toutes les occasions, vous nous trouverez prêts à seconder vos généreux efforts.

Suivant vos avis, nous recueillerons les faits spéciaux que, d'après vos observations, nous jugerons propres à fortifier les vérités générales dont vous avez signalé la déplorable existence.

Nous acceptons avec empressement l'augure d'un meilleur résultat à la prochaine session, si, comme nous avons lieu de le penser, le commerce des ports de mer réitère ses pétitions aux deux chambres législatives à la fois.

En attendant, nous allons, à l'instigation de la chambre de commerce de Nantes, solliciter la coopération de nos députés pour appuyer l'initiative d'une proposition qui sera faite incessamment au palais Bourbon, au sujet de la question qui a donné lieu à votre éloquent et logique plaidoyer en faveur du commerce maritime.

Les deux membres les plus habiles de la haute chambre sur la matière (vous, Monsieur le baron, et notre honorable concitoyen, qui doit également à son mérite la position qu'il occupe aujourd'hui) ont appuyé en cette circonstance les vœux unanimes du commerce d'outre-mer, dont notre place n'était que l'organe.

C'est une remarque dont s'accroît notre confiance dans la justice de notre cause et l'opportunité de nos réclamations.

Vos précédentes publications vous ont placé au premier rang des statisticiens de l'époque. Le zèle que vous manifestez maintenant pour le plus grand bien du commerce, ce zèle, éclairé par une longue observation des faits, une étude approfondie en économie politique, industrielle et commerciale, vous place au premier rang des éminents défenseurs des intérêts que nous représentons, et vous donne des droits incontestables à notre reconnaissance.

Nous vous en présentons l'expression sincère et celle de la haute considération avec laquelle nous avons l'honneur d'être,

Monsieur le baron

Vos très-humbles et très-obéissants serviteurs.

Signé : BALGUERIE aîné, EDOUARD FABRE, J. B. DUPUCH, A. DUVERGIER, SILVESTRE DELBOS, LUCIEN FAURE, DUPEYRAT JUNIOR, P. BOSC, EMILE GALOS, DAVID BROWN.

Saint-Malo, le 14 avril 1838.

La chambre de commerce de Saint-Malo, à Monsieur le baron Charles Dupin, pair de France.

Monsieur le baron,

Nous avons reçu avec reconnaissance et lu avec intérêt les exemplaires du discours que vous avez prononcé dans la chambre des pairs le 29 mars dernier, pour appuyer la pétition du commerce de Bordeaux, en faveur des colonies. Nous partageons entièrement votre opinion et vos principes sur les questions que vous avez discutées. Comme le gouvernement, vous n'avez pas fait la faute de ne les considérer que sous un seul rapport; vous avez prouvé que l'intérêt des colonies se joignait à celui du commerce général de la métropole, et celui de la navigation marchande, qui, en perdant son activité, entraînerait la ruine de la marine militaire; vous avez parfaitement démontré que tous ces intérêts se joignent et se confondent; et nous avons peine à concevoir comment on persiste dans un système dont les funestes conséquences nous semblent évidentes. Il faut espérer, comme vous le dites, qu'on sera plus heureux dans la session prochaine. En attendant, nous ne craindrons pas de renouveler les réclamations que, déjà plusieurs fois, nous avons adressées aux ministres avec lesquels nous devons correspondre.

Nous avons reçu aussi votre lettre du 20 mars dernier, et les exemplaires de la lettre que le conseil des colonies a écrite aux ministres. Nous vous remercions de cette communication.

Recevez, Monsieur le baron, nos remercîments et l'hommage de nos sentiments respectueux.

Signé : Horinet, Louis Blaize, Boishamon, Dujardin, Dulhantally, Ch. la Chambre, H. Gauthier, Fontan.

Marseille, le 20 avril 1838.

La chambre du commerce de Marseille, à Monsieur le baron Ch. Dupin, pair de France, président du conseil des délégués des colonies.

Monsieur,

La chambre a reçu, avec la lettre dont vous l'avez honorée le 12 du courant, un exemplaire du discours que vous avez prononcé à la séance de la chambre des pairs du 29 mars dernier, pour appuyer la pétition du commerce de Bordeaux, en faveur des colonies.

Nous vous prions, Monsieur, d'agréer nos remercîments pour cette communication. Il est vivement à regretter que des réclamations aussi justes et aussi habilement défendues n'aient point obtenu le succès qu'on était en droit d'espérer.

Nous embrassons, toutefois, l'espoir que vous nous offrez, de les voir mieux accueillies dans la prochaine session législative, alors que l'expérience aura malheureusement démontré combien elles étaient fondées. Notre chambre tâchera de saisir le moment le plus opportun pour les renouveler auprès du gouvernement, et elle est très-flattée de pouvoir continuer de compter sur votre appui.

Nous avons l'honneur d'être, avec la plus haute considération, Monsieur,

Vos très-humbles et très-obéissants serviteurs,

Signé : AUG. LAFON, W. PUGET, BAILLET, FRÉD. RABAUD, HESSE fils, G. DUFAY, XAV. RICHARD, ALLÉON, FRANÇ. MARTEL, MILLIAU, MICHEL ROUSSIER, secrétaire.

Nantes, le 21 avril 1838.

Les membres de la chambre de commerce de Nantes, à Monsieur le baron Ch. Dupin, pair de France, président du conseil des délégués des colonies.

Monsieur le baron,

Le *Moniteur* nous avait apporté, et nous avions lu avec un bien vif sentiment de reconnaissance, le discours que vous avez prononcé le 29 mars dernier à la chambre des pairs, au sujet de la pétition du commerce de Bordeaux, sur la grande question coloniale, et le besoin de changer la loi funeste du 18 juillet 1837.

Indépendamment de cette publicité ordinaire, ce tableau, malheureusement trop vrai, des désastres qui accablent les colons et les armateurs français qui alimentent leurs opérations, vient d'être reproduit par une impression à part, dont un exemplaire nous parvient comme un hommage de son auteur, et vous avez bien voulu le couvrir d'une lettre qui exige nos remercîments empressés : veuillez, Monsieur le baron, en agréer l'expression.

Le 13 de ce mois, jour où vous nous engagiez à fortifier par des faits spéciaux, ce que contenait votre discours, nous écrivions aux membres de notre députation à la chambre des députés, et aux chambres de commerce des villes maritimes, pour demander le changement de ladite loi, exécutant ainsi à l'avance ce que vous songiez à nous conseiller.

Des copies de cette lettre seront remises par M. J. Bignon à MM. les députés de ces départements du littoral, et nous prenons la liberté de vous en envoyer quelques exemplaires.

Nous verrions avec une bien grande satisfaction, Monsieur le baron, que les vœux exprimés dans cet écrit obtinssent votre coopération, et que, sous votre puissant patronage, les députés impartiaux vinssent s'unir aux nôtres dans un but d'où dépend l'honneur de la France, le salut de son armée navale et la prospérité de nos colonies, depuis trop longtemps mises en oubli, et en quelque sorte sacrifiées à la production nouvelle des sucres de betteraves.

Agréez, Monsieur le baron, l'assurance de notre très-haute considération.

Signé : Soubzmain, Coquebert, Chéguillaume, Félix Queneau, A.-S. Bernard, Garnier Haranchipy, Lepertière, A. Berthault, Franchevent, Watier, F. Gouin.

Nantes, le 13 avril 1838.

Les membres composant la chambre de commerce de Nantes, à Messieurs le président et les membres des chambres de commerce des villes maritimes de France.

Messieurs et chers collègues,

Ce qui vient de se passer récemment à la chambre des pairs, à l'occasion de la pétition présentée par le commerce de Bordeaux, ne laisse malheureusement aucun doute sur la marche que veut suivre le ministère relativement à la question des sucres.

Les réclamations si pressantes des chambres de commerce, les plaintes si énergiques des délégués des colonies, les pétitions si nombreuses des ports, les vœux exprimés des conseils généraux des départements maritimes, tout restera enseveli dans le néant, et aucune modification à la loi funeste du 18 juillet 1837 ne sera présentée aux chambres dans cette session. S'en occupera-t-on plus tard? Monsieur le ministre lui-même a dit qu'il serait fâcheux de faire naître des espérances qui ne pourraient se réaliser.

Ne nous laissant point décourager par un avertissement aussi sévère, nous avons pensé que l'initiative prise par les députés des ports, d'un projet de loi pour la réduction des droits sur les sucres de nos colonies, était une dernière ressource à tenter. Si ce nouvel appel à l'opinion des chambres ne peut vaincre une résolution que tant d'hommes influents, ne craignons pas de le dire, sont intéressés à seconder, du moins aurons-nous rempli un devoir en cherchant, par tous les moyens possibles, à conjurer la ruine des colonies, du commerce maritime et des branches importantes qui s'y rattachent.

Le plus grand jour a été jeté sur les industries similaires des sucres indigènes et des sucres exotiques. Il fallait protéger l'une sans détruire l'autre, en nivelant insensiblement la taxe qui devait atteindre leurs produits, essentiellement imposables de leur nature.

Voilà ce que commandaient la justice et la raison. Qu'a-t-on fait jusqu'ici? Les sucres de nos colonies n'arrivent sur les marchés de France, que surchargés de droits et de frais qui s'élèvent à non moins de 75 à 80 francs par cent kilogrammes. Les sucres de betteraves, au contraire, ont joui de toute espèce d'immunités, et même, pendant plusieurs années, d'une prime de 1 fr. 20 c. par kilogramme à la sortie. Les conséquences d'un pareil état de choses étaient faciles à prévoir. L'industrie des colonies devait succomber.

Le droit qui atteindra prochainement le sucre indigène, en admettant même que les moyens auxquels il faudra recourir pour sa perception aient tout le succès qu'on en attend, ne saurait ramener l'équilibre. Il restera encore une différence de 60 à 65 fr. par 100 kilogrammes en sa faveur, et la lutte n'est plus soutenable. — Pour satisfaire aux besoins du moment, il y aurait lieu de demander une réduction de 20 francs par 100 kilogrammes de sucre brut colonial, qui laisserait au sucre indigène une protection largement suffisante; mais nous croyons devoir nous borner à celle de 10 francs, nous réservant de revenir plus tard à une nouvelle diminution, lorsque l'expérience en aura pleinement démontré la nécessité à tous les esprits impartiaux.

C'est dans ce sens que nous en écrivons à nos députés, en les invitant à s'entendre avec leurs collègues des autres ports maritimes, pour formuler un projet de loi qui devra être présenté de suite. Nous y joignons le vœu de voir disparaître la classification des nuances.

Vous connaissez comme nous, Messieurs et chers collègues, tout ce qu'on peut dire sur la grave et importante question des sucres, et il deviendrait superflu de s'en occuper ici. Nous signalerons seulement le fait de l'abaissement du cours de cette denrée à la fin de 1837, encore que nos ports, par exception aux années précédentes, s'en trouvassent tout à fait dépourvus. Loin de se relever, les prix menacent de fléchir encore. Que seront-ils à la fin de l'année courante, lorsque surtout la récolte, particulièrement aux Antilles, s'annonce pour donner 25 millions de livres de plus qu'en 1837, en même temps que celle des betteraves doit donner une augmentation de produits au moins de 10 à 12 millions de livres? Nous aurons donc, dans le cours de la présente campagne, 35 à 37 millions de livres de sucre sur les marchés de France de plus qu'en 1837!

Nous ajouterons que le maintien du système actuel justifierait pleinement la prétention des colons à exporter directement leurs sucres à l'étranger; prétention que, dans l'intérêt de la navigation, nous avons combattue; car il ne serait pas de la dignité de la France de les obliger à envoyer leurs sucres sur les marchés de la métropole pour qu'ils n'y soient pas vendus, ou pour y être vendus à des prix tels qu'il en résultât pour eux, contrairement aux assertions erronées de monsieur le ministre des finances, des pertes considérables.

Nous venons donc, Messieurs et chers collègues, réclamer votre concours auprès des députés de votre département, pour qu'ils se réunissent aux nôtres, afin de prendre l'initiative d'un projet de loi pour la réduction du droit sur les sucres de nos colonies, et pour la cessation de la classification des nuances.

Agréez, Messieurs et chers collègues, l'assurance de notre considération la plus distinguée.

(*Suivent les signatures.*)

Toulon, le 25 avril 1838.

La chambre de commerce de Toulon, à Monsieur le baron Ch. Dupin, pair de France, président du conseil des délégués des colonies.

Monsieur,

La statistique que vous avez si éloquemment déroulée sous les yeux de la chambre des pairs, quand il s'est agi de défendre l'existence et la fortune du commerce maritime, qu'une actualité pesante accable, mériterait plus que de l'émotion; elle méritait raison et justice, car elle offrait une effrayante réalité.

Les intentions du pouvoir sont bonnes, sans doute, mais ses vues, le plus souvent fiscales, se rattachent trop aux résumés de comptes, trop peu à l'appréciation des éléments bons ou mauvais qui les composent.

La question si vaste, si importante de notre commerce maritime n'est pas seulement une question de vie pour nos colonies, pour nos armements, pour nos ports et leur population de marins et d'ouvriers, mais elle est encore un principe de prospérité générale, qu'on ne saurait méconnaître sans de fatales subversions.

Les productions territoriales et industrielles de la France ne doivent plus se réduire à une consommation intérieure et locale; elles offrent de telles exubérances, qu'il leur faut un épanchement extérieur; il leur faut donc des traités de commerce qui échangent, des colonies qui absorbent, et une marine qui exporte.

Une classe des fabricants des Bouches-du-Rhône et du Var, que la nullité des débouchés ruinait, conçoit la pensée de se réunir entre tous ceux de ses membres, non plus pour faire une masse de capitaux destinée à accroître, à étendre leurs produits, mais pour réduire, par un pacte commun, leur fabrication, pour en diminuer l'importance, en relever les prix; les tribunaux ont qualifié cet acte, coupable de coalition; les fabricants ont été condamnés à 200,000 fr. d'amende. Il y a eu justice sans doute; mais y a-t-il un remède à la détresse du commerçant?

Ce qui s'applique ici au fabricant de soude, se reporte également au savonnier, au raffineur, dont les industries souffrent, diminuent et s'effacent. Sur dix raffineries que comptait Marseille, cinq se trouvent fermées; et nos bâtiments sont là désarmés dans nos ports!

Nous nous proposons d'exposer ces faits à la prochaine session; nous le ferons avec confiance, dans les intentions d'un ministère qui veut le bien et qui cherche assurément les moyens de l'atteindre.

Vous avez témoigné trop d'attachement à nos grands intérêts, pour que nous craignions de vous soumettre alors l'objet de nos réclamations.

Veuillez, Monsieur, agréer nos bien vifs remercîments pour l'obligeance que vous avez eue de nous envoyer, avec vos lettres des 20 mars dernier et 12 avril courant, dix exemplaires de la lettre du conseil des colonies à Messieurs les ministres, et deux exemplaires de votre discours à la chambre des pairs.

Nous avons l'honneur d'être, avec une profonde reconnaissance,

Monsieur,

Vos très-humbles et très-dévoués serviteurs,

Les membres de la chambre de commerce de Toulon.

Signé : MILLON, président, ARNOUX, GALLE, S. MAURRIC, ÉMILE GÉRARD, DAUGIS, ANT. SENEQUIER, GIVAN, secrétaire.

Dunkerque, le 25 avril 1838.

A Monsieur le baron Charles Dupin, pair de France, président du conseil des délegués des colonies.

Monsieur le baron,

J'ai l'honneur de vous adresser au nom de la chambre du commerce de cette ville, ses remerciments pour l'hommage que vous avez bien voulu lui faire du discours remarquable que vous avez prononcé en dernier lieu à la chambre des pairs, en défendant les intérêts coloniaux, dans la grave question des sucres. Nous partageons toutes vos opinions, présentées avec une lucidité et une force de raisonnement qui devraient convaincre les plus prévenus; vous avez ensuite groupé des faits d'une effrayante vérité pour l'avenir de notre marine, et le gouvernement, nous pensons, finira par ouvrir les yeux.

Permettez-nous, Monsieur le baron, de vous faire passer la réclamation que l'année dernière, lors de la discussion de la loi, nous adressâmes à la chambre des pairs; vous y verrez quelles étaient nos justes alarmes et nos doctrines. Nous les reproduirons avec plus de vivacité encore, lorsque nous croirons pouvoir le faire avec des chances de succès; aujourd'hui, comme vous le faites observer vous-même, la session est trop avancée pour qu'on attende aucun changement aux premières résolutions prises; il faut se résigner et compter sur le concours du temps, qui d'ordinaire apporte des lumières.

Daignez agréer l'expression de la haute considération avec laquelle je suis,

Monsieur le baron,

Votre très-humble et très-obéissant serviteur,

Le président de la chambre du commerce,

Signé : A. Dupouy.

La chambre de commerce de Calais, à Monsieur le baron Ch. Dupin, pair de France, président du conseil des délégués des colonies.

Monsieur le baron,

Nous avons reçu la lettre que vous nous avez fait l'honneur de nous adresser, accompagnant la défense que vous avez prise des intérêts du commerce colonial et du commerce métropolitain. Recevez, nos vifs remercîments pour cette communication à laquelle nous attachons le plus haut prix.

Le tableau que vous déroulez des souffrances de la marine marchande, qui proviennent sous certains rapports de la différence qui existe entre les frais des armements français et ceux des étrangers, a été plus d'une fois signalé par nous à M. le ministre du commerce; mais il était digne, Monsieur, des méditations de votre beau talent d'embrasser la question dans toutes ses ramifications, et c'est ce que vous venez de faire avec cette logique qui est toujours la compagne de vos raisonnements et des conséquences que vous en faites ressortir. Nous puiserons dans vos heureuses inspirations des moyens à faire valoir en faveur d'une cause vraiment nationale, et lorsque le moment sera venu, en recueillant des faits nouveaux, nous viendrons appuyer près des chambres, les doléances qui se sont déjà exprimées et qui sans nul doute se reproduiront encore.

Nous avons l'honneur d'être ;

Monsieur,

Vos très-humbles et très-obéissants serviteurs,

Signé : MARTIN, BODART aîné, DESSIN, DUNIAGONDECQUE, VARY, LESUEUR, DEVOT.

Les membres de la chambre de commerce de Bayonne, à Monsieur le baron Ch. Dupin, pair de France, président des délégués des colonies.

Monsieur,

Nous avons reçu, avec la lettre que vous nous avez fait l'honneur de nous écrire le 12 de ce mois, les deux exemplaires que vous avez bien voulu nous adresser du discours que vous avez prononcé à la chambre des pairs en faveur de nos colonies, et par conséquent en faveur du commerce et des principales industries de la métropole, dont le sort est si étroitement lié à la conservation et à la prospérité de nos établissements coloniaux.

Nous avions adressé nous-mêmes à M. le ministre du commerce, de vives réclamations contre l'injuste loi du 18 juillet 1837, et pour la faire modifier dans le sens d'une réduction des droits que cette loi impose aux sucres de nos colonies ; nous avons à déplorer avec vous, Monsieur, la froide indifférence que l'autorité a opposée aux réclamations nombreuses qui de toutes parts se sont élevées à ce sujet.

Mais nous espérons que le gouvernement comprendra enfin, que l'intérêt de l'État se trouve dans la cause que nous soutenons, et c'est dans cette confiance que de concert avec la chambre du commerce de Nantes, nous invitons les députés de notre département à se joindre à ceux de la Loire-Inférieure et des autres départements maritimes, pour prendre de suite l'initiative d'un projet de loi qui réduise les droits du sucre des colonies, *et fasse disparaître la classification des nuances.*

Heureux si cette nouvelle tentative obtient un plein succès! Dans le cas contraire, croyez, Monsieur, que, d'ici comme de tout le littoral de la France, de nouvelles réclamations seront adressées dans la session prochaine, aux deux chambres législatives.

Veuillez, Monsieur, agréer l'assurance de notre haute considération.

Signé : BIRON, président, J.-B. MAZE, PIERRE LABROUCHE, J.-M. GOYETET, J.-F. MARSAN.

La chambre de commerce de Morlaix, à Monsieur le baron Ch. Dupin, président du conseil des délégués.

Monsieur le président,

Nous avons l'honneur de vous offrir nos remercîments les plus sincères, pour l'envoi que vous avez bien voulu nous faire, de la défense que vous avez prise à la chambre des pairs, d'une pétition signée par quatre mille citoyens de Bordeaux, afin de réclamer les mesures propres à soulager les souffrances du commerce colonial et du commerce métropolitain.

Nos sympathies les plus vives et notre modeste concours sont acquis à la cause que votre patriotisme éclairé a embrassée avec tant d'ardeur et de générosité.

Nous avions à peine pris connaissance de votre lettre du 12 courant, que déjà, pour nous conformer à l'invitation qu'elle nous porte, nous nous empressions de nommer les membres d'une commission chargée de préparer le projet de pétition que vous conseillez aux citoyens des ports de mer d'adresser aux deux chambres législatives à la prochaine session. Vous le dites avec une grande raison, Monsieur le président, gardons-nous de nous laisser rebuter par un premier échec. Les intérêts en souffrance sont trop immenses pour se laisser entraîner si vite au découragement. Nous sommes heureux de pouvoir vous en apporter une preuve.

En même temps que votre lettre du 12 courant, nous en recevons une autre de la chambre de commerce de Nantes, déplorant aussi le fâcheux accueil fait à la pétition des communes de Bordeaux, et surtout le funeste augure renfermé dans les paroles du ministre : « qu'il serait fâcheux de faire naître des espérances qui ne pourraient se réaliser. »

Loin de se montrer abattus par ce qu'ils appellent *un avertissement aussi sévère* nos collègues de Nantes ont pensé que l'initiative prise par les députés des ports, d'un projet de loi pour la réduction des droits sur les sucres de nos colonies, était une dernière ressource à tenter. Ils réclament, en conséquence cette initiative de la part de leur députation, et ils se sont adressés à nous, pour nous prier de solliciter de MM. les députés du Finistère, de s'associer à leurs collègues de la Loire-Inférieure dans l'exercice de cette prérogative.

Nous ne saurions faire défaut à cet appel, nous y répondons en écrivant dans ce sens à nos députés.

Tant, et de si généreux efforts porteront leurs fruits, nous en avons une ferme espérance; l'avenir de nos colonies, celui de notre navigation marchande, et par conséquent celui de la marine de l'État, sont engagés dans la question des sucres; les plaintes persévérantes et réunies de ces grands intérêts froissés finiront par être entendues lorsqu'elles auront pour écho vos nobles et éloquentes paroles.

Veuillez agréer,

Monsieur le président,

Les sentiments de notre considération la plus élevée,

Les membres du commerce de Morlaix,

Signé : Desloge, Daniellon, Vallon, Vallée, A. Tilly, An. Andrieux, Alexandre fils aîné.

La chambre de commerce de Rouen, à M. le baron Ch. Dupin, pair de France, président des délégués des colonies.

Monsieur le baron,

Nous avons lu avec le plus grand intérêt le discours remarquable que vous avez prononcé à la chambre des pairs, le 29 mars dernier, pour appuyer la pétition du commerce de Bordeaux en faveur des colonies, et appeler l'attention du gouvernement sur la nécessité d'adopter des mesures propres à soulager leurs souffrances et celles du commerce maritime de la métropole.

L'opinion que vous avez soutenue avec tant de chaleur et de lucidité en cette circonstance, a trop de conformité avec nos propres idées sur la matière, déjà plusieurs fois soumises au gouvernement, pour que nous ne saisissions pas avec empressement cette occasion de vous remercier de vos généreux efforts.

Comme vous l'avez très-bien fait remarquer, la cause des colonies est aussi la nôtre; elle est celle de nos fabriques et de notre marine; soutenue par une aussi éloquente défense, elle finira par triompher, et nous ne doutons pas que les vérités que vous avez fait entendre ne contribuent puissamment à amener cet heureux résultat.

Nous avons l'honneur d'être, avec la plus haute considération,

Monsieur le président,

Vos très-humbles et très-obéissants serviteurs,
Le président de la chambre de commerce,

Signé : Rondeaux.

Le secrétaire membre,
Lefort-Gonssollin.

www.ingramcontent.com/pod-product-compliance
Ingram Content Group UK Ltd.
Pitfield, Milton Keynes, MK11 3LW, UK
UKHW022119190726
13855UKWH00003B/960

9 782013 423878